Andreas Brehme

Beidfüßig

D1665389

Impressum

© Aix la Chapelle Books © Andreas Brehme

2023
Deutsche Erstausgabe

Bibliografische Information der Deutschen Nationalbibliothek:

Die Deutsche Nationalbibliothek verzeichnet diese Publikation in der Deutschen Nationalbibliografie; detaillierte bibliografische Daten sind im Internet über http://dnb.d-nb.de abrufbar.

Created by Aix la Chapelle Books

Printed in Germany

Coverfoto und Foto S. 103 unten: Ralph Penno alle übrigen Fotos und Abbildungen im Innenteil: Akani Group und Andreas Brehme

Printed in Germany

ISBN: 978-3-949929-17-5

Aix la Chapelle Books
Broicher Straße 130
52146 Würselen
Telefon: +49 1525 3030383
www.aixlachapellebooks.de
E-Mail: contact@aixlachapellebooks.de

Andreas Brehme

Beidfüßig

VON BARMBEK BIS SAN SIRO

Inhaltsverzeichnis:

Für meine Eltern

Vorwort von Franz Beckenbauer

Als ich 1984 das Amt des Teamchefs bei der deutschen Nationalmannschaft übernahm und mit meinem Trainerteam anfing, am Gerüst der Mannschaft für die Weltmeisterschaft in Mexiko zu arbeiten, war mir sofort klar, dass wir auf der linken Abwehrseite keine Probleme haben würden. Mit seiner Disziplin und Zweikampfstärke beeindruckte mich Andy sofort. Dazu kamen seine Vielseitigkeit und seine Fähigkeit, Tore vorzubereiten und sogar entscheidende Treffer selbst zu erzielen. Deshalb war es nicht überraschend, dass Andy bei der Weltmeisterschaft 1990 in Italien eine der Säulen unseres Erfolges war und sogar noch den Siegtreffer im Finale gegen Argentinien mit seinem legendären Elfmeter markierte.

Über seine einzigartige Karriere noch einmal zu lesen und Details aus dem Fußballgeschäft in den Achtziger- und Neunzigerjahren zu erfahren, hat mir viel Spaß bereitet. Die Gedanken zu einigen Entwicklungen im Fußballgeschäft werden von Andy geradlinig und klar beschrieben, so wie man es von ihm nicht anders erwartet.

Seit langem sind wir jetzt nicht mehr Teamchef und Spieler, sondern Freunde. Allerdings weiß ich immer noch nicht, ob der Andy nun ein Linksfuß oder ein Rechtsfuß ist oder einfach doch nur »beidfüßig« …

Der Elfmeter zum WM-Titel

WM-Finale 1990, Deutschland gegen Argentinien, 85. Minute.
Die Fußballwelt hält den Atem an. Die Luft im Stadion vibriert
vor Spannung. Alles wartet darauf, dass ich schieße. Und das
tue ich ...

Vor mittlerweile über dreißig Jahren schoss ich
Deutschland bei der WM 1990 in Italien per Elfmeter zum
Titel. Unser Nationaltrainer Franz Beckenbauer sprach
auch später noch immer wieder von der »verdientesten
Weltmeisterschaft, die je eine deutsche Mannschaft
gewonnen hat«. Und ich kann ihm da nur recht geben.

Geschildert habe ich die Ereignisse aus der
fünfundachtzigsten Minute später in verschiedenen
Interviews oft so oder so ähnlich: »Also, es läuft die
fünfundachtzigste Minute des WM-Finales 1990, als Rudi
Völler im argentinischen Strafraum gefoult wird. Ich trete
zum Strafstoß an und schieße ihn flach links unten in die
Ecke. Damit mache ich Deutschland zum dritten Mal zum
Fußball-Weltmeister. So weit, so gut. Wir haben das Spiel
dann noch sicher zu Ende gespielt und nach dem
Schlusspfiff ging die Party los.«

Aber diese knappe Zusammenfassung reicht natürlich
nicht, um zu erklären, was wirklich passiert ist, welch
großer Moment, was für ein wahnsinniger
Gänsehautmoment diese fünfundachtzigste Minute war.

Deshalb möchte ich hier die Ereignisse auf dem Platz ein wenig ausführlicher schildern.

Ob der Elfmeter wirklich gerechtfertigt war, darüber habe ich persönlich nie nachgedacht. Wer sich aber an das Spiel erinnert, wird vermutlich mit mir einer Meinung sein, wenn ich sage, dass wir schon vorher beim Foul an Klaus Augenthaler einen Elfmeter hätten bekommen müssen.

Man konnte den Elfmeter, der zu unserem umjubelten Siegtor führte, geben, weil der Abwehrspieler ungeschickt agierte. Als wir die Aktion mit Rudi, die zum Elfmeter geführt hatte, hinterher in der Kabine noch einmal auf den Fernsehaufnahmen sahen, war das Gelächter trotzdem groß, denn ganz eindeutig, ob es ein Foul gewesen war oder nicht, wurde es auf den Aufnahmen nicht. Deshalb haben wir ihn hochgenommen:

»Ey, Rudi, bist du da zusammengebrochen?«

Ganz geklärt ist diese Frage zwischen Deutschen und Argentiniern übrigens bis heute nicht.

Aber so war das damals eben. Die Schiedsrichter trafen Tatsachenentscheidungen auf Grundlage dessen, was sie und ihre Kollegen gesehen hatten. Den Videobeweis gab es noch nicht; in Deutschland wurde er etwa erst zur Saison 2017/18 in der 1. Bundesliga eingeführt. Und an der Diskussion, ob die Variante mit oder die ohne Videobeweis besser ist, beteilige ich mich nicht. Es ist so, wie es ist. Und die Grundlagen sind für alle die gleichen.

Doch was war genau passiert?

Den Pass von Lothar Matthäus auf Rudi Völler hatten wir sicher tausendmal trainiert, ebenso den Laufweg und alles, was dazugehört. Rudi stand in der Mitte und Lothar passte auf halbrechts und dieses Mal hatte sich der Pass rentiert. Rudi kam in den Strafraum. Sensini griff von hinten an, trat nach dem Ball, ohne ihn zu treffen, touchierte aber Rudi. Und Rudi nahm diesen Check gerne an und fiel. Ein Geschenk für einen Stürmer im Strafraum.

Der Pfiff! Der Elfmeter!

Für uns war in diesem Moment die wichtigste Frage: Wer schießt? Das waren schon einige dramatische Sekunden.

Natürlich wird so etwas vorher abgesprochen. So wie auch vorher besprochen wird, wer bereit ist, mit in ein mögliches Elfmeterschießen zu gehen, wenn Spielzeit und Verlängerung keinen Sieger gebracht haben.

Drei Schützen waren festgelegt worden: Lothar Matthäus, Rudi Völler und ich. Doch ein Problem war, dass Rudi gefoult worden war, und der Gefoulte schießt nicht.

Lothar signalisierte mir dann, ich solle zum Elfmeterpunkt gehen. Er hatte ein paar Schritte zurück gemacht, und da war klar, was das bedeutete.

Ich musste ran!

Lothar sagte später, er habe sich nicht sicher gefühlt in seinen Schuhen, die er in der Pause wegen eines Sohlenbruchs hatte wechseln müssen. Seine Ersatzschuhe hatte er aber vorher Diego Armando Maradona bei einem Charity-Match geliehen. Und der hatte die Schuhe anders geschnürt: »Südamerikanisch«.

Zum Umschnüren hatte Lothar in der Pause aber keine Zeit gehabt. Also spielte er die zweite Halbzeit sozusagen in den Schuhen Maradonas. Und damit fühlte er sich nicht so sicher.

Sein Verzicht auf den Elfmeterschuss hatte nichts mit Angst zu tun, sondern mit der Frage, ob man den Eindruck hat, wirklich optimal spielen zu können und dies hatte Lothar eben nicht wegen des falschen Schuhwerks. Ich finde es ungerecht, wenn manche Leute ihm vorwerfen, er habe sich in die Hosen gemacht. Lothar spielte eine Weltklasse-WM und in diesem Moment traf er die rational richtige Entscheidung. Denn hier ging es nicht um persönliche Eitelkeiten, sondern um uns, um die Mannschaft – und um eine ganze Nation.

Man stelle sich das heute einmal vor. Lothar hatte nur ein Paar Ersatzschuhe bei dem Endspiel einer Weltmeisterschaft dabei. Ein Paar! So etwas wäre heute undenkbar.

Beckenbauer und er sahen mich fragend an, und ich nickte. Damit war klar, ich würde schießen.

Die halbe Bank von Argentinien stürmte unterdessen auf den Schiedsrichter, den Mexikaner Edgardo Codesal Mendez, ein. Sie wussten genau, eine mögliche Vorentscheidung stand an. Maradona holte sich sogar noch eine Verwarnung ab.

Ein Argentinier schoss den Ball, den ich mir schon auf den Punkt gelegt hatte, weg. Ich weiß gar nicht mehr, wer das war. War für mich auch kein Drama, nur ein Ablenkungsversuch.

Für mich fühlte es sich an, als dauerte das ganze Theater vom Pfiff über die Diskussion mit dem Schiedsrichter bis zu meinem Schuss mindestens sieben oder acht Minuten. Tatsächlich, so wurde mir später gesagt, waren es nur 1:57 Minuten. Aber es ist sicher nicht verwunderlich, dass sich für mich die Zeit so dehnte.

Ich wusste, um was es ging, wusste, wo ich mich befand, musste mich aber die ganze Zeit auf mich selbst konzentrieren. Auf das, was unmittelbar vor mir lag. Der Elfmeterschuss!

Es ist schon eigenartig. Da stehst du in einem rappel vollen Stadion in einem Endspiel der Weltmeisterschaft gegen Argentinien vor 75.000 jubelnden Fans, überall sind Kameras, die Augen der Welt, so scheint es, sind auf dich gerichtet, zumindest die Augen der Fußballwelt. Und trotzdem bist du da unten ganz alleine.

Die ganze Zeit über brodelte das gesamte Stadion um uns herum. Was da gesungen oder gegrölt wurde, nahm ich überhaupt nicht wahr. Das war wie das Rauschen einer Brandung. Eigentlich schön, wenn man Zeit hat, auf so etwas zu achten.

Gedacht habe ich nicht viel, ich versuchte nur, mich zu konzentrieren, denn schließlich musste jemand den Elfmeter schießen und dieser Job war eben mir zugefallen.

Zur Motivation kam Rudi, als ich mich auf den Weg zum Punkt machte, noch kurz zu mir und sagte: »Andy, wenn du den reinmachst, sind wir Weltmeister.«

Klar, dachte ich, und wenn nicht, bin ich der Depp der Nation!

Dann ging ich zum Elfmeterpunkt und dem Ball. Alles andere war außen vor. Ich atmete und machte Schritt für Schritt. Was damit alles verbunden war, darüber dachte ich nicht nach.

Um es mit Sepp Herberger zu sagen: Das Runde musste in das Eckige!

Mir gegenüber im Tor stand Goycochea, der Elfmeterkiller, wie sie ihn nannten. Er hatte bei dieser WM schon vier Elfmeter gehalten, an ihm waren die Jugoslawen und die Italiener verzweifelt.

Das ganze Stadion hielt in diesem Moment den Atem an, die Spannung war mit Händen zu greifen.

Auch dieses Mal verschwendete ich keinen Gedanken daran, mit welchem Fuß ich schießen würde. Zu viel denken schadet manchmal beim Fußball. Handlungsschnelligkeit nennt man das. Ich schoss einfach. Mit dem rechten Fuß.

Unten links.

Die Spannung im Stadion entlud sich in einem jubelnden Aufschrei. Meine Mannschaftskameraden überrannten mich beinahe in ihrer Freude und ich jubelte mit ihnen. Und mit uns die ganze Nation.

Noch heute überkommt mich Gänsehaut, wenn ich an diesen Moment denke.

Das alles geschah im Olympiastadion in Rom. 75.000 Zuschauer im Stadion. Milliarden weltweit. Die Entscheidung war gefallen. Und eins muss ich in aller Deutlichkeit sagen: Die eindeutig bessere Mannschaft hat dieses Spiel gewonnen. Vier Jahre vorher sah das anders aus. Da waren die Argentinier besser, aber dieses Mal waren wir es.

Wie ich dorthin kam? Es war ein langer Weg mit viel, viel harter Arbeit. So viel ist klar.

Auf den Straßen von Barmbek

Ich möchte allen, die dieses Buch lesen, etwas über den Fußball vermitteln, das über das hinausgeht, was man jedes Wochenende durch die Berichterstattungen in den Medien erfährt. Denn Fußball ist weit mehr als einfach nur eine Mannschaftssportart mit einem Ball. Elf gegen Elf.

Möglicherweise werden mich und meine sportliche Karriere nicht alle, die dieses Buch zur Hand nehmen, kennen, deshalb möchte ich mich hier zunächst kurz vorstellen. Am Ende dieses Buches finden Sie meine Karriere auch in Zahlen und Statistiken.

Ich bin Andreas Brehme, geboren am 9. November 1960 in Hamburg Barmbek und bin Profifußballer. Als solcher habe ich meist in der linken Außenverteidigung und im defensiven Mittelfeld gespielt, war Nationalspieler und Trainer. Ich bin zwar in Hamburg geboren, aber heute ist München meine Heimat und Italien meine große Liebe.

Fußball war für mich immer ein faszinierender Sport, weil für jeden Spieler die Voraussetzungen zunächst einmal gleich sind, egal ob auf dem Bolzplatz der 5. Kreisliga im Kreis Diepholz oder sonst irgendwo in Deutschland oder eben bei einem Endspiel der Fußballweltmeisterschaft im Olympiastadion in Rom. Der Platz ist immer gleich groß, (fast) überall Rasen, gekreidete Linien, die Tore und ebenso der Ball sind gleich. Die

Regeln stehen fest; es gibt einen Schiedsrichter und zweiundzwanzig Spieler auf dem Platz.

Es kann keine unredlich frisierten Motoren geben, kein unerlaubtes Wachs am Ski oder sonst irgendeine Materialmanipulation.

Beim Fußball liegt der Unterschied vor allem in jedem selbst, darin, was man will und was man bereit ist, dafür zu tun. Ausreden gibt es nicht. Die Wahrheit liegt immer auf dem Platz.

Und deshalb können Fußballkarrieren überall beginnen, in Hamburg, in einem 500-Seelen-Dorf in den Niederungen des Weserberglandes oder im Sauerland. Fußball bietet eben überall die gleichen Möglichkeiten.

Bei mir war es Hamburg, diese Weltstadt mit dem größten Containerhafen Deutschlands und immerhin dem drittgrößten Europas. Genauer gesagt, Hamburg Barmbek. Auf den Straßen und Bolzplätzen dort. Barmbek, wer es nicht kennt, ist ein ganz normaler

Stadtteil von Hamburg. Damals gab es noch viele Bolzplätze für uns, denn wir hatten noch mehr Platz als heute. Als noch immer sichtbare Folge der Zerstörungen im 2. Weltkrieg gab es in den Großstädten und den Vororten immer noch leere Flächen, auf denen wir kicken konnten. Heute ist ja alles zugepflastert und sobald Kinder irgendwo spielen, beschweren sich die Anwohner über den Lärm. Kinderfreundlich ist das sicher nicht.

Meine jüngere Schwester Stefanie und ich wuchsen bei unseren Eltern, Bernd, einem Heizungsmonteur, und Waltraud Brehme auf. Gewohnt haben wir, wenn ich mich recht erinnere, in der Richeystraße in Hamburg Barmbek.

In Barmbek leben meine Eltern bis heute, wenn auch nicht mehr in derselben Straße. Ich bin sehr froh, dass es allen bis heute sehr gut geht.

Mit dem Fußballspielen begann ich mit etwa viereinhalb Jahren, sowohl in meiner Freizeit als auch im Verein. Ab da stand ich dauernd auf dem Platz.

Damals gab es in den Vereinen, anders als heute, diese weitreichende Gliederung in der Jugend von E- und F-Jugend bis in den Bambini-Bereich noch nicht und in der Freizeit wurde ohnehin mit den Kindern gespielt, die gerade da waren. Da musste man als kleiner Steppke eben oft gegen deutlich größere Jungs spielen.

Da wurde man richtig rangenommen und musste lernen, sich durchzusetzen. Das konnte manchmal wirklich hart sein, aber es hat mich gelehrt, alleine klarzukommen, denn – und auch das war anders als heute – die Eltern hielten sich meist raus, auch wenn sie bei den Spielen zusahen.

Ein normaler Tag war für mich: Nach der Schule Mittagessen, dann die Hausaufgaben erledigen, den Schulranzen in die Ecke pfeffern, umziehen und dann haben wir auf der Straße, dem Spielplatz oder auf dem Bolzplatz gekickt. Oder gebolzt, wie wir das früher nannten. Wenn wir bolzten, gab es keine bestimmte Position.

Wir spielten Vier gegen Vier und wer den Ball hatte, war vorne. Da biste rumgerannt und hast draufgeballert und das war es.

Wenn es nicht anders ging, haben wir die Mädels ins Tor gestellt. An Frauenfußball wurde da noch nicht mal im Traum gedacht. Die Mädels fanden Fußball ohnehin im

Allgemeinen meistens blöd, vor allem, wenn sie selbst mitspielen sollten. Entweder die Mädchen oder die Jungs, die richtig schlecht spielten, die zu langsam waren, standen im Tor. Das haben wir damals untereinander geklärt. Jeder wollte ein Tor schießen, da wollte natürlich keiner im Tor stehen.

Wir haben uns auch oft die Namen unserer Stars und unserer Vorbilder gegeben. Uwe Seeler, Franz Beckenbauer, Wolfgang Overath, Gerd Müller, Günter Netzer,

Grabowski und so weiter. Das waren unsere Vorbilder und wir träumten davon, einmal so zu sein wie sie. Fußballhelden!

Irgendwo waren immer ein paar Jungs. Irgendwer hatte immer einen Ball dabei und dann ging es los. Dann wurden die Fußballschlachten geschlagen. Bei Wind und Wetter. Wenn es regnete, konnte das schon mal eine ziemlich matschige Angelegenheit werden. Entsprechend sahen wir dann auch aus. Da konnte man manchmal vorne und hinten nicht mehr gleich erkennen.

Die Plätze waren ja keine Fußballplätze, wie wir sie heute kennen, mit gepflegtem Rasen und zwei ordentlichen Toren, es waren einfache Hartbodenplätze, festgetretene Erde beziehungsweise Lehmboden. Nur hin und wieder hatte einer ein bisschen Rasen, aber vor allem viele kahle Stellen. Vor allem vor dem Tor war der Boden immer ausgetreten. Das waren manchmal richtige Kuhlen.

Auf solchen Plätzen haben wir dann mit Noppen- oder sogar Stollenschuhen gespielt, wenn wir entsprechendes Schuhwerk besaßen. Wenn die Jungs keins von beidem hatten, mussten auch mal normale Turnschuhe oder sogar

Straßenschuhe herhalten. Dass die Schuhe bei dem schlechten Untergrund schnell litten, war uns natürlich völlig egal. Hauptsache, wir konnten bolzen.

Diese Plätze waren natürlich auch nicht speziell angelegt. Wir kennzeichneten mit unseren Jacken oder Ähnlichem die Platzgröße. Wo die lagen, waren die Ecken. Die Tore wurden auf dieselbe Weise markiert. Nur manchmal standen da Bäume, die wir dann zu Torpfosten erklärten.

Schiedsrichter waren wir alle. Wir trafen die Entscheidungen immer zusammen. Dabei ging es meistens ziemlich sportlich zu. Richtigen Streit gab es nie, soweit ich mich erinnere.

Manche dieser Plätze waren mit drei bis vier Meter hohen Maschendrahtzäunen umgeben, fast wie ein Käfig, aber so blieb der Ball auf dem Platz, und die Fenster der Nachbarhäuser waren sicher. Wenn man sich heute in den Städten umschaut, muss man feststellen, dass die Kinder wieder mehr Platz brauchen. Es ist zu eng, es gibt viel zu wenig Spielmöglichkeiten!

Auch auf dem Trainingsgelände der Vereine gab es nicht nur Rasenplätze, viele besaßen auch die grauen oder roten Schlackeplätze. Wenn man da bei einem Punktspiel zum Ball grätschte und nicht aufpasste, konnte das sehr schmerzhaft werden: Überall Schrammen und kleine Steine in der Haut von Oberschenkel und Hintern. Zum zweiten Mal wurde das sehr schmerzhaft, wenn dann nach ein paar Tagen die ganzen kleinen Steinchen wieder rauskamen, also eiterten.

Einmal, das war so in der C- oder B-Jugend, mussten wir im Winter auf einem solchen Schlackeplatz ein Punktspiel spielen, der nach dem Training am Abend zuvor nicht wieder gewalzt worden war. Überall befanden sich Fußspuren, war der Boden aufgeworfen. Der Platz war natürlich gefroren und die Spuren mit. Da hatten einige wirklich starke Schürfwunden und bluteten. Davon ganz abgesehen, dass man nie wusste, wohin der Ball sprang, wenn er aufkam, da der Boden so uneben war, musste man auch aufpassen, nicht umzuknicken.

Wenn wir es durften, wurde auch in der Schule auf dem Pausenhof oder im Sportunterricht gekickt. Es gab sogar Turniere, meist Hallenturniere, bei denen die Schulen aus den verschiedenen Stadtteilen und Jahrgängen gegeneinander antraten. Das waren dann schon kleine Auswahlmannschaften und es war eine Ehre, seine Schule zu vertreten.

Ich liebte den Fußball und wie ich gerade erzählte, waren Schuhe, Trikots, Bälle und Trainingsanzüge großen Strapazen ausgesetzt. Zwar wechselten wir je nach Platz oft Schuhe, Stollen und Stutzen, aber irgendwann sahen die natürlich trotzdem nicht mehr schön aus. Und so wünschte ich mir zum Geburtstag und zu Weihnachten immer neue Fußballsachen – nie etwas anderes.

Meine Liebe zum Fußball habe ich von meinem Vater Bernd geerbt. Dieser spielte schon vor meiner Geburt erfolgreich beim Verein Barmbek-Uhlenhorst. Zu seiner Zeit gab es noch keine Profis, aber er war gut und seine Mannschaft spielte in der damals höchsten Liga, der Regionalliga. Später stieg sie sogar bis in die 2. Liga auf. Als Spieler stand mein Vater als Rechtsverteidiger auf dem Platz.

Natürlich meldete mich mein Vater gleich bei meiner Geburt im Verein an. So kam ich in den Verein Uhlenhorst-Barmbek und fing dort an zu trainieren. Ich bolzte also nicht nur in meiner Freizeit, sondern trainierte auch im Verein zweimal die Woche, und nahm samstags an Punktspielen teil.

Mein Vater war nicht nur Spieler, sondern auch Jugendtrainer unseres Vereins. Er unterstützte mich von Anfang an, förderte und forderte mich beim Training, aber noch mehr bei den Spielen. Von mir erwartete er sogar noch mehr als von meinen Mitspielern, hier schenkte er mir nichts.

Dadurch aber schaffte ich es von der E-Jugend bis in die A-Jugend und als A-Jugend-Spieler bis in die 1. Herrenmannschaft, sodass ich in beiden Mannschaften gleichzeitig spielte. Das hieß, dass ich an den Wochenenden oft zwei Spiele absolvieren musste.

Bis zur A-Jugend blieb mein Vater mein Trainer. Von ihm lernte ich alles, was ich fußballerisch kann. Trainer war mein Vater aber nur auf dem Platz. Zu Hause war er immer total entspannt.

Während meine Schwester sich nie ernsthaft für Fußball interessierte und nur gelegentlich zu einem meiner Spiele kam, war meine Mutter (fast) immer mit dabei, stand am Spielfeldrand und fieberte mit.

Damals, als Hamburger Jung', war eins meiner großen Vorbilder natürlich Uwe Seeler. Diese Hamburger Ikone, genau wie Franz Beckenbauer in München und Günter Netzer in Gladbach, war einer der ganz großen, bis heute unvergessenen Spieler.

Ich werde immer wieder auf ein Foto von der Stadion-Einweihung von Barmbek angesprochen. Darauf sieht man mich als Kind mit Uwe Seeler. Dass wir später Freunde wurden, war mir eine große Ehre. Aber es zeigt, dass es im Fußball möglich ist, mit seinen größten Idolen zusammenzuarbeiten und sogar Freundschaft zu schließen. Natürlich bedarf es viel Fleiß, harter Arbeit und auch Ehrgeiz, um dorthin zu kommen.

Daran hat sich bis heute nichts geändert, auch wenn heute viel mehr Geld im Profifußball verdient werden kann. Junge Talente werden gar damit umworben. Und diese verlockenden Aussichten auf Reichtum und die Tatsache, dass sie immer wieder als große Talente betitelt werden, blendet einige junge Spieler. Sie vergessen, dass Talent allein nicht ausreicht, um ganz nach oben zu kommen. Es hilft zwar, reicht allein aber nicht aus. Fußball ist ein Volkssport, der viele junge Talente hervorbringt und wer nicht bereit ist, fleißig zu sein und Spitzenleistungen zu erbringen, schafft es eben nicht bis ganz nach oben. Und selbst die, die alles geben, müssen damit rechnen, es nicht zu schaffen, denn je höher man kommt, umso dünner wird die Luft. Eine alte, aber sehr wahre Erkenntnis.

Und wir damals in Barmbek? Wir waren der zweite Verein in Hamburg. Wir hatten in der Jugend schon eine wirklich gute Mannschaft, aber der große HSV war eben besser und wurde immer Meister, wir gaben alles und wurden Zweiter. Die haben sich die besten Spieler dazugeholt.

Barmbek ist bis heute mein Verein geblieben und ich halte noch immer Kontakt.

Die erste WM, die ich mir bewusst anschaute, war die von 1966, damals war ich sechs. All die Spieler mit den exotischen Namen und Herkunftsländern, von denen man sonst nur im Radio hörte oder in der Zeitung las, spielten mit und faszinierten mich. Zum ersten Mal konnte ich sie alle im Fernsehen spiclen sehen, zwar noch in schwarzweiß, aber immerhin. Eine Mannschaft hatte ein helles Trikot, die andere ein dunkles, die Farbe war egal, aber hell und dunkel musste sein, sonst konnte man sie am Bildschirm nicht unterscheiden.

So eine Weltmeisterschaft ist schon etwas ganz Besonderes. Das waren diese Turniere früher und sind es noch immer, auch weil sie nur alle vier Jahre stattfinden. Es gibt nicht viele Spieler, die zwei oder sogar drei solche Turniere mitspielen dürfen, beziehungsweise können. Dort spielen die Besten der Besten eines jeden Landes und dort mitspielen zu dürfen und mitspielen zu können, ist wirklich etwas ganz besonderes.

Wenn es um besondere WM-Erlebnisse meiner Jugend geht, erinnere ich mich noch an folgende Begebenheit, die zeigt, wie anders die Verhältnisse im Fußball früher waren.

Während der Weltmeisterschaft 1974 waren die Holländer in Hamburg Ochsenzoll untergebracht. Ich fuhr dorthin, um mir ihre Autogramme zu besorgen. Ich wäre auch hingegangen, wenn es die Argentinier gewesen wären, aber nun waren es eben die Holländer.

Um die Autogramme von Johann Cruyff, Neeskens, Haan, de Jong und einigen anderen zu bekommen, brauchte ich einfach nur zu ihrem Trainingsplatz zu fahren und mich zu ihnen gesellen. Security im heutigen Sinne gab es damals im Grunde nicht. Die Fußballer kamen einfach nach dem Training auf uns zu, Johann Cruyff mit Zigarette in der Hand.

Wir quatschten sogar noch kurz miteinander. Natürlich über Fußballthemen. Sie wollten wissen, wo ich spiele und ob ich auch einmal Nationalspieler werden wollte. Ich fragte natürlich, wann sie angefangen hatten zu spielen und wie alt sie gewesen waren, als sie Profis wurden, bei welchen Vereinen sie spielten und in welcher Position. Und natürlich sprachen wir auch über das Turnier, wer die Favoriten und welche Spieler die größten Stars waren, über die holländische und die deutsche Mannschaft. Was Fußballer so untereinander eben schnacken, wie man im Norden auch sagt.

Als Johann Cruyff mich viele Jahre später nach Barcelona holen wollte, erzählte ich ihm von dieser Begegnung, an die er sich selbst gar nicht mehr erinnerte, aber er staunte: »Das gibt es doch gar nicht. So klein ist die Welt!«

Damals, 1974, dachte ich überhaupt noch nicht daran, Weltmeister zu werden. Damals wollte ich zunächst überhaupt erst einmal Profi werden. Bis zu einer Weltmeisterschaft dachte ich noch nicht. Das kam später. Davor kamen erst mal die deutsche Meisterschaft, der Pokalsieg und andere große und kleine Siege.

Vorher kam ja auch erst einmal Saarbrücken.

Beidfüßig

Der Titel des Buches verrät es schon, und wie diejenigen, die mich und meine Karriere kennen, wissen, habe ich ein besonderes Talent: Beidfüßigkeit. Das heißt, ich kann mit beiden Füßen gleich gut schießen, könnte nicht sagen, welcher Fuß der stärkere ist, obwohl ich ganz klar Rechtshänder bin.

Dieses Talent wurde mir aber nicht in die Wiege gelegt, ich habe es mir hart erarbeitet. Warum ich das getan habe, kann ich heute gar nicht mehr genau sagen, es ist einfach so passiert. Schon als Kind versuchte ich immer, mit beiden Füßen zu spielen, nicht, weil es mir beim Bolzen mit meinen Freunden einen Vorteil gebracht hätte, sondern einfach, weil es mich faszinierte, weil ich es können wollte.

Um das zu lernen, war es für mich von großem Vorteil, dass mein Vater selbst Spieler und vor allem auch mein Trainer war. Er sah schnell, was ich da tat, erkannte den Vorteil, den es mir später bringen würde und unterstützte mich in meinen Bemühungen, die Beidfüßigkeit zu lernen. Er tat das aber nie mit Druck, sondern immer so, dass der Spaß nicht auf der Strecke blieb. Mit viel Druck erreicht man bei Kindern ohnehin oft eher das Gegenteil. Wir arbeiteten gemeinsam immer weiter an meinen Fähigkeiten, er spornte mich immer wieder an, forderte mich heraus. Heute sagt man wohl Extramotivation, denke ich.

Er zeigte mir viele kleine Übungen, mit denen ich meine Beidfüßigkeit trainieren konnte, etwa: Abwechselnd mit beiden Füßen gegen die Wand schießen, den Ball mit beiden Füßen hochhalten, im Wechsel oder nur mit links oder rechts, manchmal auch mit anderen Sportkameraden zusammen, Ball hochhalten gegen die Wand, links- und rechtsfüßig. Wir malten mit Kreide Kreise an die Wand wie bei einer Torwand und versuchten immer wieder, in die Kreise zu treffen – auf die Fenster konnten wir ja schlecht schießen.

Natürlich ist es einfacher, einem Kind, das gerade alles neu lernt, eine neue Technik beizubringen als einem fertig ausgebildeten Fußballer, aber trotzdem muss man auch als Kind dranbleiben. Ich trainierte also nicht nur mit meinem Vater zusammen, sondern auch sehr viel alleine. Um eine solche Fähigkeit zu erlangen und zu perfektionieren, muss man üben. Immer und immer und immer wieder. Es sind sehr viele Extraeinheiten nötig, um so etwas wirklich zu lernen und ich wollte das unbedingt können. Ich übte und übte, man sah mich eigentlich nie ohne Ball. Auch wenn andere mir schon längst sagten, dass es reicht, übte ich oft alleine auf der Straße weiter.

Anfangs brachte mir die Beidfüßigkeit keinen großen Vorteil, es machte mir einfach nur Spaß, aber später erkannte ich natürlich den Vorteil. Es schafft Flexibilität und je flexibler ein Spieler ist, umso besser wird er, umso weiter kommt er. Es erweitert die Sichtweise auf das Spiel, man sieht, was alles möglich ist und ist vielseitiger einsetzbar. Und genau das suchen Scouts und Manager, damals wie heute.

Jeder Trainer, Scout oder Manager sucht nach Spielern, die sich von der Masse abheben, ob durch Schnelligkeit, Technik, Taktikverständnis oder Beidfüßigkeit oder irgendeine andere Fähigkeit. Und natürlich Wille. Wille vor allem, an sich selbst zu arbeiten und den Ehrgeiz, immer besser zu werden.

Um sich als Spieler – aber auch in allen anderen Bereichen des Lebens – weiterzuentwickeln, darf man nicht darauf warten, dass man Dinge vorgegeben bekommt. Man muss selbst erkennen, dass einem bestimmte Fähigkeiten fehlen und von sich aus daran arbeiten, zumindest aber braucht man den Willen, auch allein weiterzuarbeiten, wenn der Trainer einen auf Defizite aufmerksam gemacht hat. Und selbst wenn man keine spezifischen Fähigkeiten an sich vermisst, wenn der Trainer keine besonderen Verbesserungen fordert, sollte man doch seine sportlichen Ziele immer wieder klar definieren und seinen Trainer fragen, was man tun kann und sollte, um diese Ziele zu erreichen.

Um sich zu verbessern, kommt es vor allem auf den eigenen Willen an. Sehr viele junge Talente verschwinden wieder in der Versenkung, weil ihnen dieser Wille fehlt. Andererseits gibt es viele Spieler, die sich ihren Platz erkämpfen, obwohl ihnen das «Talent» fehlt. Natürlich ist Fußball ein Mannschaftssport und man darf seine Mitspieler nicht aus den Augen verlieren, aber jeder Einzelne in der Mannschaft muss seine Leistung erbringen, muss sich verbessern, sonst kann sich die

Mannschaft als Ganzes nicht verbessern und weiterkommen.

Im Dienste dieses Vorankommens als Mannschaft und als einzelner Spieler verbringt man sehr viel Zeit auf dem Platz. Und die wenigste Zeit mit Punktspielen, sie sind die Sahne auf der Torte. Und Endspiele sind die Kirsche obendrauf.

Die meiste Zeit verbringt man mit Training. Auf dem Trainingsplatz, durch sehr viel harte Arbeit, wird man zum Spitzensportler, aber dafür muss man immer bereit sein, den einen Schritt mehr zu machen, die eine Extraeinheit zu leisten.

Ohnehin gehört zum Training eines Spitzensportlers sehr viel Wiederholen, sehr viel Techniktraining, viele einfache Übungen in unendlicher Wiederholung, um eine Technik zu perfektionieren. Im Grunde muss alles trainiert werden. Torschusstraining: Innenriss, Außenriss, Spann. Genauso wie Ballannahme mit der Brust, dem Oberschenkel, dem Fuß. Aus der Luft. Dropkick. Selbst den Ball vorlegen. Ecken, Flanken, Freistöße schießen. Elfmeter, Laufwege, Taktik. Die richtige Kommunikation auf dem Platz untereinander. Das Kopfballspiel. Den Unterschied erkennen. Situationsabhängig schnelle Entscheidungen treffen und sehr vieles mehr. All das kann und muss man üben.

Als ich später Trainer in Kaiserslautern war, habe ich zum Beispiel auch mit Miroslav Klose all die vielen einfachen Übungen, die mich mein Vater gelehrt hat, immer wieder eingeübt. Und auch den anderen jungen Profis sagte ich immer wieder: »Du kannst noch so talentiert sein, du musst auch trainieren!«

Und genau das habe ich getan, um die Beidfüßigkeit zu erlernen, bis es egal war, mit welchem Fuß ich schieße. Torschüsse und Flanken schieße ich heute mit dem Fuß, der gerade frei ist, Elfmeter meistens mit rechts, obwohl mir ein Journalist einmal sagte, ich hätte auch schon mal einen mit links geschossen. 1986 gegen Mexiko zum Beispiel. Den habe ich mit links geschossen, warum, weiß ich aber nicht.

Aber ich greife den Dingen vor …

Wichtig war mir hier zu zeigen, wie viel Arbeit ich in mein Fußballspiel und mein Können investiert habe.

Ich möchte jungen Talenten ein Vorbild sein und sie ermutigen, Ehrgeiz zu entwickeln und den Willen, selbst an sich zu arbeiten.

Netzer, Magath und Saarbrücken

Zum ersten Mal begann ich mit zwölf oder dreizehn Jahren von einer Profikarriere zu träumen. Ich trainierte hart für diesen Traum, auch damals schon. Und natürlich sprach ich auch mit meinem Vater darüber. Dieser unterstützte mich in meinem Wunsch, sagte aber: »Das ist in Ordnung, aber ich habe eine Bedingung. Bevor du Profifußballer wirst, machst du eine Ausbildung, damit du etwas Festes in der Tasche hast.«

Und so machte ich eine Lehre als Kfz-Mechaniker. Erst nachdem ich meine Prüfung bestanden hatte, ging ich mit einem Gesellenbrief und meinem ersten Profivertrag nach Saarbrücken in die 2. Liga. Damit hatte ich mein erstes großes Ziel, nämlich einen Profivertrag, erreicht. Damit hatten sich aber längst nicht alle meine Träume erfüllt. Mein nächstes Ziel lautete, U-21-Nationalspieler zu werden.

Ich kämpfte – und hatte drei Monate später auch dieses Ziel erreicht. Unter anderem spielte ich hier mit Rudi Völler, Lothar Matthäus, Pierre Littbarski und Eike Immel zusammen. Eine goldene Generation!

Aber natürlich war auch mit der Berufung in die U-21-Mannschaft noch nicht das Ende der Fahnenstange erreicht, ich wollte noch höher hinaus, in die

A-Nationalmannschaft und natürlich auch deutscher Meister werden.

Aber ich greife schon wieder viel zu weit vor.

Mein Weg zum Profi begann, wie ich schon erzählte, bei Barmbek-Uhlenhorst. Wir hatten dort damals eine sehr, sehr gute Mannschaft. Ich selbst spielte hier zumeist im Mittelfeld oder im defensiven Mittelfeld.

Wie gut wir waren, lässt sich daran erkennen, wie oft meine Sportkameraden und ich zu Sichtungsspielen eingeladen wurden, die natürlich auch damals schon regelmäßig stattfanden. Ich selbst spielte in sicher fünfzig Hamburger Auswahlmannschaften mit und freute mich immer sehr, dabei zu sein, denn um in eine solche Auswahl zu kommen, musste man hart arbeiten. Damals wie heute gab und gibt es viele gute Spieler im gleichen Jahrgang, gegen die man sich erst einmal durchsetzen muss.

Bis in eine U-17-Mannschaft schaffte ich es nicht, erst später in Saarbrücken spielte ich in der U-21. Aber wenn man in so vielen Auswahl- und Sichtungsspielen mitgespielt hat wie ich, fällt man natürlich trotzdem auf. So bekam ich auch ein Angebot, schon als Jugendlicher zum großen HSV zu wechseln. Dieses Angebot lehnte ich ab, zum einen, weil die Fahrerei von Barmbek hinaus nach Ochsenzoll zu umständlich gewesen wäre, zum anderen – und das war mir noch viel wichtiger – hatten wir bei Barmbek-Uhlenhorst ebenfalls eine sehr gute Mannschaft, die ich nicht im Stich lassen wollte.

Der HSV hatte zwar eine noch bessere Mannschaft als wir, hatte die besseren Spieler, die er von überall her einkaufte, aber wir machten dem HSV das Leben so schwer wie irgend möglich. Unsere Spiele waren immer hart umkämpft und viele Fehler durfte der HSV sich nicht leisten. Verloren sie ein Spiel zu viel, waren wir ihnen dicht auf den Fersen oder zogen auch mal in der Tabelle an ihnen vorbei. Meister wurden wir leider nie, immer nur Zweiter, aber wir sorgten dafür, dass der HSV für seine Meisterschaft schwer arbeiten musste.

Ganz verloren habe ich den Kontakt zu meinem ersten Verein und meinen Sportkameraden nie. So halte ich zum Beispiel gute Kontakte zu Joachim Philipkowski, der in Nürnberg in der 1. Liga spielte und jetzt bei St. Pauli im Nachwuchs und Scouting tätig ist.

Mit siebzehn Jahren, damals war ich noch in der Lehre beim Autohaus Grimm, bekam ich vom HSV das Angebot, ein vierzehntägiges Probetraining zu absolvieren.

Als ich meinem Chef, einem riesigen HSV-Fan mit Dauerkarte, davon erzählte, gab der mir sofort die nötigen vierzehn Tage Urlaub. Und als der HSV das Training um weitere vier Wochen verlängerte, weil sie so begeistert von mir waren, verlängerte auch mein Chef, Herr Grimm, meinen Urlaub ohne zu zögern. Es war wirklich unglaublich nett von Herrn Grimm, dass er mir diese sechs Wochen am Stück Urlaub genehmigte und mir damit dieses Training, das ein Karrieresprungbett für mich werden sollte, ermöglichte. Das war keine Selbstverständlichkeit und ich möchte mich hier noch einmal herzlich bei ihm bedanken.

Ich absolvierte also ein sechswöchiges Probetraining, und zwar mit der ersten Mannschaft. Der

Bundesligamannschaft. Diese Mannschaft war damals Weltklasse, in der viele großartige Spieler mitspielten: Rudi Kargus, Kevin Keagen, Horst Hrubesch, Felix Magath, Manni Kaltz, Jimmi Hartwig und Willi Reimann. Und mit ihnen durfte ich trainieren. Natürlich hatte ich anfangs gehörigen Respekt vor ihnen, aber ich lernte auch sehr viel von ihnen und dem Trainer Branco Szebic. Zu vielen von ihnen habe ich bis heute Kontakt.

Gegen Ende der Probezeit kam Günther Netzer auf mich zu und bat mich und meinen Vater für den nächsten Tag in die Geschäftsstelle. Ich war tief beeindruckt, denn Günther Netzer war einer der großen Idole meiner Generation und ich durfte mit ihm in der Geschäftsstelle sprechen, mir wollte er ein Angebot machen. Mein Vater, das merkte ich schnell, war weit weniger beeindruckt.

Netzer lobte mich und erklärte: »Alle sind total begeistert von dir. Aber du bist noch ein sehr junger Kerl mit deinen siebzehn Jahren. Du trainierst erst mal mit der Bundesligamannschaft und spielst in der zweiten.« Wie gesagt, die erste Mannschaft war spitze, die zweite allerdings spielte nur in der 6. Liga. Wenn ich allein dort gewesen wäre, hätte ich das Angebot vermutlich trotzdem angenommen, denn im Grunde wollte ich gar nicht mehr zurück zu der Arbeit im Autohaus. Ich liebte den Fußball und konnte mir kein anderes Leben für mich vorstellen, als Fußballprofi zu werden, ein Leben für den Fußball zu führen.

Mein Vater aber behielt einen kühlen Kopf und lehnte das Angebot mit den Worten ab: »Das mit der zweiten Mannschaft, das bringt nichts.« Immerhin, erklärte er

Netzer, spielte ich als Siebzehnjähriger in der A-Jugend von Barmbek-Uhlenhorst und gleichzeitig mit der ersten Herrenmannschaft in der 3. Bundesliga. So hatte ich Spiele in einer deutlich höheren Liga jedes Wochenende und das brachte mich eindeutig weiter als Spiele in der 6. Liga, selbst wenn diese für den HSV gewesen wären. Und so wurde leider nichts aus diesem Angebot.

Wenn ich oder mein Sohn, der wie Günther Netzer in der Schweiz lebt, Günther heute treffen, bedauert er es, mich nicht zum HSV geholt zu haben. Es sei sein größter Fehler gewesen.

Ich spielte nun also nicht für den HSV, aber gleich nach dem Probetraining dort bekam ich einen Vertrag beim Zweitligisten Saarbrücken, denn Felix Magath, selbst Spieler beim HSV, Mannschaftskapitän sogar, vermittelte mir den Kontakt zum Saarbrücker Verein, für den er selbst auch einmal gespielt hatte. Er prophezeite:

»Wenn du dich da durchsetzt, dann kommen die Bundesligavereine von ganz allein.« Wie sich herausstellte, sollte er Recht behalten.

Saarbrücken war damals ein renommierter Zweitligist, der einen Zuschauerschnitt von rund 15.000 Zuschauern hatte, wenn ich mich recht erinnere. Und bei diesem renommierten Verein wurde ich junger Kerl gleich vom ersten Tag an Stammspieler. Ich musste nicht einmal ein Probetraining absolvieren, musste nicht auf der Ersatzbank sitzen und spielte die erste Saison gleich komplett durch. In Saarbrücken hatte ich eine wirklich tolle Zeit mit guten Jungs, viele von ihnen Olympianationalspieler.

In meinem alten Verein hatte ich vor allem im Mittelfeld gespielt, in Saarbrücken dagegen spielte ich in verschiedenen Positionen: Mittelfeld, Libero, Linksverteidiger. Linksverteidiger wurde ich, weil die beiden Stammspieler für diese Position schwer verletzt waren, der eine an den Kreuzbändern, der andere hatte einen Beinbruch. Daraufhin bestimmte unser Trainer, Slobodan Zentic, einfach, dass ich die Linksverteidigung übernehmen sollte. Als ich protestierte und ihn darauf hinwies, dass ich in dieser Position noch nie gespielt hatte, antwortete er: »Dann üben wir das eben, bis du es kannst.«

Und so übte ich auch das, wie ich auch meine Beidfüßigkeit trainiert hatte, denn mir war klar, wie gut es ist, flexibel zu sein.

Die Fähigkeit, auf verschiedenen Positionen spielen zu können, half mir auch später in der Nationalmannschaft, sodass Franz Beckenbauer mich auf beinahe jeder Position einsetzen konnte, wenn der entsprechende Stammspieler ausfiel.

Die Wichtigkeit von Flexibilität betone ich als Trainer auch immer wieder gegenüber jungen Spielern. Sie sollten auf zwei, besser auf drei Positionen spielen können. Diese Flexibilität könnte man auch Jobsicherung nennen, denn so feste Strukturen im Spiel wie früher gibt es heute nicht mehr, die Spieltaktiken haben sich geändert. Wie alles auf der Welt sich ändert, so ändert sich auch der Fußball. Was sich bis heute aber nicht geändert hat, ist die Tatsache, dass man zum einen ein besseres Verständnis für das Spiel als Ganzes bekommt und zum anderen mehr Möglichkeiten hat, in verschiedenen Vereinen überall auf der Welt zu spielen, wenn man flexibel ist.

Gelegentlich wird heute darüber gesprochen, dass die jungen Spieler heute verletzungsanfälliger sind als wir früher. Warum das so ist, kann ich nicht erklären, ich bin mir nicht einmal sicher, ob das nur eine gefühlte Wahrheit ist. Fest steht allerdings, dass die Trainingsmethoden sich stark verändert haben; heute wird das Training viel wissenschaftlicher aufgebaut. Unser Training dagegen war vor allem auf Kraft und Ausdauer ausgelegt. So ließ uns Egon Cordes, seinerzeit Co-Trainer bei Bayern München, mit Medizinbällen bewaffnet die Hügel hoch- und runterrennen. Wer nach neunzig Minuten noch volle Pulle laufen konnte, war fit. Punkt!

Und auch wir hatten ein strammes Pensum an Spielen zu absolvieren, genau wie die Spieler heute, zumeist mittwochs und samstags: Bundesligaspiele, DFB-Pokal, UEFA-Pokal und Länderspiele.

Für mich hat sich all die harte Arbeit auf dem Trainings-platz und bei den Spielen für Saarbrücken definitiv ausgezahlt und ich bin froh, diesen Weg gegangen zu sein. Schnell bekam ich Angebote von anderen Vereinen, genau wie Felix Magath es vorhergesagt hatte. Hierzu kann ich noch ein Kuriosum erzählen, wie es heute gar nicht mehr möglich wäre. So bekam ich das Angebot von Günther Mast, für die Eintracht Braunschweig, deren Präsident er war, zu spielen.

Was daran kurios war? Er war gleichzeitig der Präsident von Saarbrücken und Geschäftsführer der Mast-Jägermeister-AG, 1978 wurde er sogar Aufsichtsrats-vorsitzender des Unternehmens. Beide Vereine spielten im Übrigen mit dem Jägermeisterlogo auf dem Trikot. Heute wäre so etwas undenkbar, wenn man sich daran erinnert, welche Wellen es schlug, als Leipzig und Salzburg beide von Red Bull gesponsert werden sollten, und die beiden Vereine spielen nicht einmal in derselben Liga, nicht einmal im selben Land.

Und dieser Zweifachpräsident und Sponsor wollte unbedingt, dass ich für Braunschweig spiele. Ich aber hatte meine eigenen Pläne: Ich wollte in die 1. Bundesliga, wollte für meinen Verein, aber auch für Deutschland als Nationalspieler international spielen. In Saarbrücken und Braunschweig war das kaum möglich, daher schlug ich das Angebot aus.

Nun verdiente ich mit meinem ersten Profivertrag gutes Geld, zumindest für einen so jungen Kerl, wie ich damals noch einer war. Hinzu kamen Siegprämien. Vorher in Barmbek hatte ich mit dem Fußball kein regelmäßiges Einkommen gehabt, nur gelegentlich hatte es Siegprämien gegeben. Von diesem Gehalt, das ich nun in Saarbrücken bekam, musste ich allerdings auch leben, die Wohnung finanzieren, die der Verein mir besorgt hatte. Ein Auto war da nicht drin.

Mehr verdient hätte ich, wenn ich das allererste Angebot angenommen hätte, das ich von Daniel Hechter von Racing Straßburg bekam. Aber auch dieses Angebot lehnte ich ab, denn ich hatte ja bereits klare Ziele, und nur viel Geld verdienen reizte mich nicht.

Klare, realistische Ziele zu haben, ist wichtig, das sage ich auch immer wieder vor allem den jungen Spielern. Man darf diese Ziele nicht aus den Augen verlieren und den Verlockungen nicht nachgeben, sondern muss gradlinig mit festem Willen darauf hinarbeiten. Denn nur schnell möglichst viel Geld verdienen zu wollen, ist einer langen, erfolgreichen Karriere oft nicht förderlich. Dann sitzt man, wenn man Pech hat, bei einem großen Verein auf der Bank und wird vergessen. Eine Karriere, die vielleicht zwanzig Jahre hätte dauern können, ist dann nach vier oder fünf Jahren vorbei, oder zumindest nicht so erfolgreich, wie sie hätte sein können.

Ich aber blieb standhaft bei meinem Ziel 1. Bundesliga und dieser Traum erfüllte sich, als ich das Angebot von Kaiserslautern annahm. Ich hatte bei Saarbrücken den damals üblichen Zweijahresvertrag unterschrieben, aus dem Kaiserslautern mich für 150.000 Mark herauskaufte. Das war für die 2. Liga schon eine beachtliche Summe.

Dank Felix Magath wurde das alles möglich. Er war damals schon ein Fuchs, aber es bleibt doch ein kleines Rätsel, wie ein Hamburger Führungsspieler all das für einen anderen Spieler bei einem anderen Verein einfädeln konnte.

Felix habe ich übrigens neulich noch in der Münchner Innenstadt getroffen und ihm zur Rettung der Hertha gratuliert. Dann haben wir zusammen etwas getrunken und über alte Zeiten gelacht.

Bei den roten Teufeln

Die Art und Weise, wie Kaiserslautern überhaupt auf mich aufmerksam wurde, sodass es zu meinem Wechsel dorthin kam, ist eine weitere erstaunliche Geschichte.

Atze Friedrich besuchte eines unserer Spiele, oder wohl besser, er wollte sich das Spiel unseres Gegners Kickers Offenbach, ganz genau, das Spiel Uwe Beins ansehen. Friedrich war damals Manager bei Lautern. Bei dieser Gelegenheit fiel ich ihm dann auf, sodass er mich ansprach und mir den Wechsel nach Lautern offerierte. Und da Lautern genau das bot, was ich mir für meine Karriere wünschte – Deutschland und 1. Bundesliga –, nahm ich das Angebot an und wechselte 1982/83 dorthin.

Auch hier unterschrieb ich einen Zweijahresvertrag, allerdings mit deutlich besseren Konditionen: Mein Gehalt war deutlich höher, ebenso wie die Einsatzprämien. Wohnung und Auto wurden aber auch hier nicht gestellt, sondern mussten von mir selbst finanziert werden. Wichtiger als das Geld aber war mir, dass ich ab jetzt in der 1. Bundesliga spielen würde.

Der Vertrag verlängerte sich automatisch um zwei Jahre und hätte es auch jeweils weiter getan, aber bereits in meinem dritten Jahr in Lautern unterschrieb ich für den nächsten Zwei-Jahres-Zyklus bei Bayern München. Ich brauchte also nur drei Jahre, um in der Bundesliga ganz oben beim Rekordmeister anzukommen. Aber dazu später mehr.

Zunächst einmal zog ich nach Kaiserslautern und musste mich beim Erstligisten eingewöhnen, denn das Training in der Erstligamannschaft war deutlich anspruchsvoller als in Saarbrücken. Alles war professioneller, besser strukturiert und zielorientierter. Inzwischen ist diese Professionalisierung auch in den unteren Ligen angekommen, aber damals war das auf diesem Niveau etwas Neues. Trainer in dieser Zeit waren Dietrich Weise, Friedel Rausch und Kalli Feldkamp.

Neu und besonders waren für mich auch die Fans und die Fankultur in Kaiserslautern, und besonders ist die Fankultur bis heute geblieben. Selbst heute, da Lautern in der 2. Liga spielt, ist das Stadion am Betzenberg oft mit 49.000 Zuschauern ausverkauft. Da kann man sich sicher vorstellen, was für ein Hexenkessel der »Betze« sein konnte. Da musste der Trainer gar keine motivierende Rede halten, die Fans motivierten uns und trugen uns nach vorne. Der »Betze« war eine Festung, auf der gegnerische Mannschaften nicht so gerne spielten.

Aber nicht nur die Fans, auch das Stadion selbst war, zumindest in der damaligen Zeit, etwas Besonderes. Der Betzenberg war ein reines Fußballstadion, wie es heute bei allen größeren Vereinen üblich ist, ähnlich wie es das gewaltige Stadion San Siro war, und ebenso wie dieses war es meist bis auf den letzten Platz ausverkauft. Die übrigen Stadien waren damit kaum zu vergleichen, waren sie doch zumeist Mehrzweckstadien mit einer Laufbahn um den Platz, sodass hier nicht nur Fußball gespielt, sondern auch Leichtathletik betrieben werden konnte. In diesen Stadien waren die Zuschauer viel weiter weg, ganz anders als auf dem Betzenberg, auf dem die Zuschauer so nahe waren, dass man ihnen die Hand geben konnte. Das schuf schon eine ganz besondere Nähe zwischen uns Spielern und den Fans.

Langsam wurde ich in Lautern selbst zu einem Star, und als Hans-Peter Briegel, der bis heute ein guter Freund ist, und Hans-Günther Neues die Mannschaft verließen, machte Kalli Feldkamp mich mit gerade einmal zweiundzwanzig Jahren zum Kapitän der Mannschaft. Ich war stolz auf das, was ich erreicht hatte und gab alles für die Mannschaft, trotzdem war für mich die logische Weiterentwicklung meiner Karriere, später zu Bayern München zu wechseln.

Kaiserslautern spielte zu dieser Zeit oft auch in internationalen Turnieren, etwa im UEFA-Pokal 1982.

In diesem Jahr schafften wir es, drei spanische Mannschaften aus dem Turnier zu werfen: Real Madrid, Valencia und Sevilla, aber wir hatten auch mit Friedhelm Funkel als Stürmer, Ronny Hellström als Torwart, Peter Briegel, der später zusammen mit Reben Edgar Larsson in Italien Meister wurde, und einigen anderen eine sehr gute Mannschaft.

Vor allem das Rückspiel gegen Real Madrid in diesem UEFA-Pokal war ein echtes Highlight. Auch Real hatte damals schon eine tolle Mannschaft: Uli Stielike spielte hier, Santiliana war ihr Stürmer und Camacho war ebenfalls dabei.

Das Hinspiel hatten wir in Madrid 3:1 verloren. Das Rückspiel aber fand zu Hause auf dem Betzenberg statt.

Das Stadion tobte, als wir 5:0 gewannen. Die Fans schufen eine unglaubliche Atmosphäre und wir spielten wie im Rausch. Da konnte selbst die Mannschaft von Real Madrid, schon damals mit die Besten der Besten, nicht mithalten. Solche Spiele sind die, für die man als Fußballspieler mit seinem ganzen Herzen lebt und die man nie wieder vergisst. Die meisten Spieler erleben so etwas nie.

In meiner Zeit bei Kaiserslautern wurde ich auch in die Nationalmannschaft berufen. In Saarbrücken hatte ich ja schon in der U-21-Auswahl gespielt, nun also die A-Mannschaft. Mein erstes A-Länderspiel absolvierte ich 1984 gegen Bulgarien vor der EM in Frankreich.

Skurriler Weise spielte ich auch mein letztes Länderspiel gegen Bulgarien. Zehn Jahre später bei unserer unglücklichen WM in den USA war das.

So hatte ich in Lautern alle meine Ziele, die ich in Saarbrücken formuliert hatte, erreicht: Ich spielte in der 1. Liga und ich durfte international für meinen Verein und für Deutschland als Nationalspieler spielen. Aber nicht nur meine Karriere hatte sich weiterentwickelt, sondern auch meine Ambitionen und so stand der nächste Wechsel an.

Uli Hoeness und der FC Bayern

1986 wechselte ich dann, wie ich oben schon angedeutet habe, zum FC Bayern München. Ein früherer Wechsel war wegen meines Vertrages mit Kaiserslautern nicht möglich. Für die Fans von Lautern war mein Wechsel nach München natürlich ein Riesenskandal, man nannte mich sogar einen Verräter, aber für mich war es ein logischer Schritt.

Denn es ist doch so, wenn man eine Chance bekommt, für den besten Verein zu spielen, ganz oben in der Liga – und Bayern München war auch damals schon die unangefochtene Nummer Eins –, dann ergreift man sie. Ich habe gerne für Lautern gespielt und verdanke dem Verein einiges, aber wenn man sich weiterentwickeln will und den Konkurrenzkampf nicht scheut, dann ist für einen Spieler das Höchste, für den FC Bayern München zu spielen. Weiter hoch geht es im Vereinsfußball in der Bundesliga einfach nicht. Darüber steht nur noch die Nationalmannschaft.

Auch heute ist es doch noch so, dass die jungen Spieler für Bayern spielen wollen. Nur dass sie dann oft noch einmal wechseln wollen, noch mehr wollen, vor allem mehr Geld. Hierzu wechseln viele dann zu ausländischen Vereinen, im Moment oft nach England oder Spanien und dort zu den reichen Vereinen. Denn es ist ja dort genau wie in Deutschland: Dort, wo das meiste Geld sitzt, dort findet man auch den Erfolg.

Trotzdem fand man in Lautern meine Entscheidung nicht gut und setzte noch einen letzten Stich. Nachdem ich bei Bayern unterschrieben hatte, verkündete Atze Friedrich einen Tag vor unserem nächsten Pokalspiel gegen München: »Andy Brehme hat unser Angebot nicht angenommen und wechselt nach dieser Saison nach Bayern München.«

Diese Nachricht schlug bei den Fans wie eine Bombe ein und man kann sich vorstellen, was am nächsten Tag im Stadion los war, was für ein Spießrutenlauf das für mich war. Ich war ja auch noch Kapitän. Und dann verloren wir das Spiel auch noch unglücklich 0:1. Das alles war nicht sehr schön, aber ich hakte es schnell ab und schaute nach vorn.

Ob die Tatsache, dass ich schon Nationalspieler und der Trainer der Nationalmannschaft, Franz Beckenbauer, gut mit Uli Hoeneß bekannt war, bei meinem Wechsel eine Rolle spielte, kann ich nicht sagen. Ich weiß nicht, ob die beiden miteinander gesprochen haben.

Zustande gekommen ist der Vertrag durch ein Interview, das ich dem »Kicker« gegeben hatte. In diesem war ich nach meinen Ambitionen gefragt worden. Natürlich wollte ich einmal Meister werden und das, erklärte ich dem »Kicker«, wäre in Lautern eher nicht möglich, mit Bayern München aber schon.

Als wir einmal mit der Nationalmannschaft in München trainierten, sagte Kalle Rummenigge, der mit mir in der Nationalmannschaft spielte und Stammspieler bei Bayern

München war, zu mir: »Wir müssen morgen früh um acht Uhr bei Uli Hoeneß in Ottobrunn sein.«

Wir kamen dann auch pünktlich bei ihm zu Hause an und klingelten. Seine Frau öffnete die Tür, führte uns hinein und brachte auch eine Tasse Kaffee. Da saß Ulli Hoeneß in seinem Wohnzimmer, locker gekleidet und sagte zu mir: »Wir wollen dich haben.«

Große Verhandlungen oder Diskussionen gab es danach nicht mehr. Der Vertrag wurde per Handschlag besiegelt, wie es damals noch möglich war. Damals galt das Wort eines Mannes noch.

Ohnehin gab es kaum etwas, was man sich mehr hätte wünschen können. Was einem bei Bayern geboten wurde, bekam man nirgendwo sonst in der Liga: gutes Geld, Meisterschaften und Pokale, internationale Spiele und Prämien obendrauf. Und dazu die weltweite Anerkennung. Aber das Wichtigste war, ich wollte ganz einfach für Bayern München spielen.

Die Verhandlungen liefen damals völlig problemlos: Reinkommen, Handschlag, der Rest ist Formsache. Dieses ganze Spielerberater-Brimborium wie heute gab es damals noch nicht. Sicher hatte Uli Hoeneß mit dem Trainer der Bayern, Udo Lattek, vor unserem Treffen gesprochen, aber die eigentlichen Verhandlungen führte Uli mit den Spielern. Und im Grunde sollte man doch auch heute noch erwarten können, dass zwei erwachsene Männer, die miteinander sprechen, sich einigen können. Aber natürlich ist heute alles komplizierter und viel internationaler geworden. Ohne einen Anwalt versteht niemand mehr die Verträge, die da unterzeichnet werden und deshalb sollte jeder Spieler einen Anwalt haben. Aber das ist ein anderes Thema.

Zumindest meine Ablösesumme von zweieinhalb Millionen Mark sollte die Lautern-Fans ein wenig entschädigt haben. Dies war bis dahin die höchste Transfersumme innerhalb der Bundesliga. Zwar wechselte ich nach Ende meines Vertrags von Lautern nach Bayern, aber da dies noch lange vor dem Bosman-Urteil stattfand, musste Bayern trotzdem zahlen.

Das Bosman-Urteil des EuGH von 1996 besagt, dass ein Spieler nach Ende seines Vertrags ablösefrei den Verein wechseln kann. Zudem wurden alle Restriktionen für EU-Ausländer im europäischen Sport aufgehoben.

Nach diesem Urteil mussten Vereine auf hohe Entschädigungen verzichten und gute Argumente finden, wenn sie einen Spieler halten wollten. Meistens bestehen diese Argumente inzwischen aus Geld. Sicherlich hat dieses Urteil die Position der Spieler gegenüber den Vereinen gestärkt, aber ob die nachfolgenden Entwicklungen für den Fußball gut waren, sollen andere beurteilen.

Zu meiner Zeit bei Bayern München gab es diese Entscheidung aber noch nicht und so ließ ich mir von Uli Hoeneß in den Vertrag schreiben, dass ich für die gleiche Summe wieder wechseln konnte, um mir Optionen offenzuhalten. Später sagte Uli zu mir, dass diese Klausel einer seiner größten Fehler gewesen war.

Die offizielle Laufzeit des Vertrags betrug drei Jahre, allerdings mit der Klausel, dass ich nach zwei Jahren zu einem ausländischen Verein wechseln könne, wenn dieser bereit war, die zweieinhalb Millionen zu zahlen.

Ich habe übrigens nicht nur meinen Transfer von Kaiserlautern zum FC Bayern München selbst verhandelt, sondern auch meine Wechsel zu Inter und später in die spanische Liga. Die Vereine haben dann eventuelle Ablösesummen untereinander vereinbart, denn in der Zeit vor dem Bosman Urtcil gab es diese Ablösen auch bei bereits ausgelaufenen Verträgen.

Das hat sich nach dem Bosman-Urteil komplett geändert. Um nun trotzdem bei einem möglichen Wechsel noch eine Ablöse zu kassieren, sind die Vereine heute dazu gezwungen, Verträge mit ihren Topspielern rechtzeitig zu verlängern. Das wissen natürlich die Berater und Spieler auch und hier geht oftmals das Geschachere im Hintergrund los. Ist ein Spieler komplett ablösefrei, kassiert er bei einem Wechsel zu einem anderen Verein den Marktwert, also die eigentliche Ablösesumme, als Handgeld zu seinem Gehalt. Bei Topspielern sind das oft zusätzliche zweistellige Millionenbeträge, von denen sich die Berater gern einen Anteil nehmen. Wenn es der alte Verein aber schafft, den Spieler zu halten und den Vertrag noch einmal zu verlängern, bauen clevere Berater für ihre Spieler eine Partizipation an einer späteren Ablösesumme ein oder setzen eine niedrige festgeschriebene Summe in den Vertrag, die es ermöglicht, vom neuen Verein trotz Ablöse ein attraktives Handgeld zu bekommen.

Ich habe nichts gegen die Gesetze des Marktes und natürlich Verständnis dafür, dass ein Profifußballer, der nur eine begrenzte Anzahl von Jahren seinen Beruf ausüben kann, versucht, möglichst viel Geld in seiner aktiven Karriere zu verdienen. Allerdings halte ich es für sehr wichtig, bei allen Verhandlungen offen und geradlinig mit seinen Partnern umzugehen. Dazu bin ich ein großer Anhänger davon, junge Spieler schon früh zu eigener Verantwortung zu erziehen. Natürlich braucht man in der heutigen Zeit einen guten Anwalt an seiner Seite, der die komplexen Verträge juristisch überprüft, aber die Eckpunkte eines Arbeitsvertrages sollte ein Spieler selbst aushandeln können. Deshalb bin ich sehr froh zu sehen, dass es eine steigende Anzahl von Spielern gibt, die ihre Vertragsangelegenheiten selbst in die Hand nehmen. Es muss am Ende auch im Sinne der Vereine sein, das Verantwortungsbewusstsein und die Persönlichkeiten der eigenen Spieler zu fördern, denn nur so entstehen richtige Leader.

Uli glaubte zwar, wie gesagt, er habe mit meiner Ablöseklausel einen Fehler gemacht, aber er ist für mich doch der beste Manager, den die Bundesliga je hatte. Geschäftlich kann er, wenn nötig, sehr hart und den Spielern gegenüber mitunter sehr streng sein. Er erwartet von allen absolute Disziplin. So wusste er zum Beispiel, wenn man mal zu spät zum Training erschienen war, und dann gab's Wind von vorne.

In Bayern, da bin ich mir sicher, geht nichts über den Verein, alles andere hat sich dem Erfolg des Vereins unterzuordnen. Natürlich erzeugt das permanenten Druck und das sagt Uli seinen Spielern auch vorab. Nirgendwo sonst ist der Druck so groß, aber dieser Druck, dieser unbedingte Wille zum Erfolg macht den Unterschied aus. Bei den anderen Vereinen werden da offensichtlich Fehler gemacht, selbst bei Bayerns größtem Konkurrenten Borussia Dortmund.

Schon damals war für die Bayern die Meisterschaft das Mindeste, eher erwartete man von sich noch mehr, den Pokalsieg etwa. Das »Triple« kam erst später.

Um ehrlich zu sein, weiß ich nicht, was diese ganzen Anglizismen sollen. Das macht das, worum es geht, nicht anders, nur lässt es sich wahrscheinlich bei einem jüngeren Publikum besser verkaufen.

Heutzutage zeigt sich der Wille zum Erfolg auch an Bayerns zehn Meisterschaften in Folge. Das Problem ist nicht die Überlegenheit der Bayern, sondern die Tatsache, dass keiner über eine so lange Zeit dagegenhalten kann und das sollte man nicht Bayern vorwerfen, sondern auf die eigene Geschäftsstelle schauen. Und so, wie die Bayern sich gerade aufstellen, werden sie auch über die nächsten Jahre den Ton angeben!

Schon zu meiner Zeit gab es dieses sogenannte Bayern-Gen. Wirklich alle im Club, vom Platzwart über die Wäscherei bis zur Vereinsführung, wollten den unbedingten Erfolg und jeder ordnete sich diesem Ziel unter. Es wurde damals schon in allen Bereichen wesentlich professioneller gearbeitet als bei allen anderen Vereinen. Man darf dabei auch nicht vergessen, dass Bayern damals noch nicht wirtschaftlich den anderen Vereinen enteilt war. Der Club wurde eigentlich erst durch den Wechsel von Karl-Heinz Rummenigge zu Inter Mailand wirtschaftlich saniert. Aber dieses Bayern-Erfolgs-Gen gab es bereits und wurde natürlich in erster Linie von Uli Hoeneß verkörpert und vorgelebt. Er war immer über alles, was im Verein passierte, bestens informiert, auch wenn er sich nicht immer einmischte. Er hat Bayern dorthin geführt, wo der Verein heute steht.

Denn letztlich steht und fällt jeder Verein auf dem Platz. Elf gegen Elf! Als übliches Maß für den Bau von Fußballplätzen hat sich das Maß 68 × 105 m etabliert. Und die Regeln kennen wir auch. Und damit liegt es an der Arbeit der Mannschaft und des Vereins als Ganzem, ob man Erfolg hat oder nicht.

Unter Ulis Führung und mit Udo Lattek als Weltklassetrainer wurden wir gleich in meiner ersten Saison bei Bayern schon vier oder fünf Wochen vor dem Saisonende – und das war ein neuer Rekord – Deutscher Meister. Diese zehnte Meisterschaft, mit der Bayern Rekordmeister wurde, feierten wir auf dem Rathausbalkon.

Im zweiten Jahr bekamen wir gleich einen zweiten überragenden Trainer: Jupp Heynckes, der vorher Trainer von Mönchengladbach gewesen war. Er war damals noch ziemlich jung und ein wenig verkrampft. Aber sein Training war super und es war sofort klar, dass er ein großartiger Trainer werden würde.

Aber auch die Mannschaft war hervorragend: Jean-Marie Pfaff im Tor, Klaus Augenthaler, Hans Pflügler als Linksverteidiger, Norbert Eder, Lothar Matthäus, Dieter Hoeneß, Michael Rummenigge, Roland Wohlfahrt im Sturm und Hansi Flick (der jetzige Bundestrainer). Hansi war damals aber kein Stammspieler. Er war ein Arbeitstier und es kam immer darauf an, gegen wen wir spielten. Udo Lattek entschied dann abhängig vom Gegner, auf welcher Position Hansi spielen sollte und setzte ihn auf einen Spieler als Manndecker an, damit dieser die Bälle nicht so verteilen konnte. Ich selbst spielte auf Wunsch unseres Trainers vor allem im Mittelfeld.

Nun könnte man glauben, dass mich der Wechsel zu Bayern mit all diesen Stars beeindruckt hätte, aber das war im Grunde eher nicht der Fall. Ich kannte viele von ihnen schon von der Nationalmannschaft und ich selbst war auch schon ein gestandener Profi, ein Star, zu dem nicht wenige aufsahen. Mannschaftskapitän bei Kaiserslautern und Nationalspieler.

Aber natürlich war das eine Supertruppe und in der wollte ich nicht hinten anstehen. Und ich kann sagen, dass ich das auch nie tat. In keiner Mannschaft. Wenn ich mal auf der Bank saß, dann nur, weil ich in irgendeiner Weise verletzt war und aus Vorsicht geschont werden sollte. Das war ja auch mein eigener Anspruch, dass ich immer spielen wollte, egal wo und mit wem. Ich kannte meine Qualität, für die ich immer hart gearbeitet hatte, schon von Kindesbeinen an.

Aber auch, wenn man einen unbedingten Willen zum Sieg hat und hart dafür kämpft, kann man eben doch nicht jedes Spiel gewinnen. Das Champions-League-Finale (damals noch Landesmeister-Pokal genannt) von 1987 gegen Porto war ein solches Spiel, das wir nicht gewannen. Noch dazu dumm verloren.

Auf dem Weg ins Finale spielten wir im Halbfinale gegen Real Madrid. Das Hinspiel gewannen wir zu Hause 4:1, das Rückspiel ging in Madrid 0:1 verloren. Dieses Rückspiel war ziemlich kompliziert, denn in der zehnten Minute kassierte Klaus Augenthaler eine Rote Karte. Und in Bernabeo achtzig Minuten mit einem Mann weniger zu spielen, war eine echte Herausforderung.

Jean-Marie Pfaff war ein super Torwart und hat auch in diesem Spiel großartig gehalten, aber der Elfmeter, der auf die Rote Karte folgte, ging rein. Wir brachten das Spiel dann mit zehn Mann und einem 0:1 über die Bühne und zogen verdient ins Finale der Champions League ein.

In diesem Finale waren wir der klare Favorit, denn Porto hatte niemand auf dem Schirm. Das Stadion in Wien, in dem das Spiel stattfand, war mit 55.000 Mann voll besetzt und komplett in Bayernhand.

Wir führten 1:0, als wir kurz vor dem Abpfiff durch einen Fersenschuss von Madjer ein Gegentor kassierten und kaum zwei Minuten später ein weiteres, dieses Mal von Madjer vorbereitetes, Gegentor reinbekamen. Und das war unser eigenes Verschulden.

Wie heißt es doch? Wenn du kein Glück hast, kommt auch noch Pech dazu, aber man soll ja nicht klagen, die Bayern hatten oft Glück.

Eigentlich hatten wir das Spiel klar im Griff und hätten es gewinnen müssen. Leider haben wir das nicht geschafft. Woran es letzten Endes lag, kann ich nicht sagen. Vielleicht glaubten wir so kurz vor dem Abpfiff schon, gewonnen zu haben, und wurden unaufmerksam.

Natürlich ist jede Niederlage ärgerlich, auf diese Weise gegen einen Underdog zu verlieren eben besonders. Eine ähnlich frustrierende Niederlage erlebten die Bayern dann 1999 gegen Barcelona gegen Manchester United.

Jeder reagiert auf eine solche Niederlage ein wenig anders: Manche sind sprachlos, andere weinen oder sind wütend. Ich war unendlich frustriert. Jeder macht sich so seine Gedanken über das Spiel, über vergebene Chancen, vor allem dann, wenn man selbst diese Chancen vergeben hat. Denn auch für Bayern München fallen solche

Endspiele nicht vom Himmel. Der Einzug in ein solches Finale ist das Ergebnis harter Arbeit des ganzen Vereins und sich dann nicht mit einem Sieg belohnen zu können, tut jedem weh, vom Platzwart bis zum Präsidenten.

Bei den anschließenden Gesprächen nach einer solchen Niederlage mit dem Trainer, den Spielern und Betreuern bis zum Vereinsarzt werden alle durchgerüttelt, aber sich gegenseitig Vorwürfe machen, gibt es nicht. Deswegen ist man ja eine Mannschaft: Man macht alles gemeinsam und wer das nicht versteht, hat im Mannschaftssport nichts zu suchen. Natürlich will jeder gewinnen, aber jeder weiß auch, dass es bereits ein Riesenerfolg ist, überhaupt in einem solchen Finale zu stehen.

Man darf zwar nicht an Niederlagen wie der gegen Porto hängen bleiben und sich ewig Gedanken darüber machen, aber aufgearbeitet werden müssen sie dennoch. Dies passiert zumeist erst in den Tagen danach beim Training.

Die Ansprachen in den Kabinen der Mannschaften vor oder während eines Spiels sind zumeist eher ruhig und positiv, denn alle Beteiligten wissen, dass sie und auch ihre Gegner Profis sind und jeder kleine Fehler schnell bestraft wird. Da hilft es niemandem, wenn der Trainer permanent draufhaut und die Mannschaft oder einzelne Spieler niederbrüllt. Lediglich wenn man zur Halbzeit schon 0:3 zurückliegt, wiederholt schwere taktische Fehler macht, sodass man weiter Gefahr läuft, Gegentore zu kassieren, können Trainer schon mal laut werden. Und wenn man wegen solcher offensichtlicher und unnötiger Fehler einen Rüffel vom Trainer kassiert, sollte man als Spieler auch Respekt zeigen und den Rüffel annehmen, denn schließlich ist es der Trainer, der den Kopf hinhalten muss.

Normalerweise spielt die Mannschaft für ihren Trainer, aber die Macht der Mannschaft sollte nie unterschätzt werden. Wenn etwas nicht stimmt, zu viele Spiele verloren gehen, wird in aller Regel der Trainer ausgetauscht, nicht Spieler oder gar ganze Mannschaftsteile und so können Mannschaften sich auch entschließen, eben nicht für den Trainer zu spielen. Ich selbst habe nie in einer solchen Mannschaft gespielt, aber so etwas passiert. Ich hatte immer Glück mit meinen Trainern und die Chemie zwischen Trainer und Mannschaft, zwischen den Trainern und mir stimmte.

Ich möchte für die jüngeren Leser noch kurz erklären, wie damals der Landesmeister-Pokal funktionierte und wie sich daraus die heutige Champions League entwickelt hat.

Als wir 1987 mit dem FC Bayern in Wien gegen Porto das Finale verloren, gab es noch drei verschiedene Europapokale. Am Dienstag wurde der UEFA-Cup ausgespielt, das ist die heutige Europa League. Mittwoch waren die Landesmeister dran, aber wirklich nur die Meister jedes einzelnen Landes in Europa, das waren damals zweiunddreißig Mannschaften.

Am Donnerstag gab es dann noch den Pokal der Pokalsieger, in dem die Pokalsieger aus jedem europäischen Land gegeneinander antraten. Die Wertigkeit aller drei Wettbewerbe war nahezu gleich, der Landesmeisterwettbewerb lag vielleicht leicht vorne.

Aber schon 1991/92 gab es von den großen Vereinen den Wunsch nach mehr Planungssicherheit und mehr

Einnahmen und die Champions League wurde geboren. In der ersten Saison dieses neuen Wettbewerbs, der den Landesmeister-Pokal ersetzte, gab es ab der dritten Runde zwei Vierer-Gruppen. Die Einnahmen für dieses neue Format betrugen damals rund vierzig Millionen Euro, ein Witz zum Vergleich mit den heutigen Erlösen. Danach begann der Siegeszug der Champions League, die Idee einer einheitlichen Marke und einer zentralen Vermarktung fand weltweit hohen Anklang und das Format war Vorbild für viele ähnliche Events in anderen Sportarten. Zugleich entwickelte sich die Champions League zu einer wahren Gelddruckmaschine mit inzwischen jährlichen Einnahmen aus TV- und Sponsoringgeldern von über drei Milliarden Euro. Diese gewaltigen Erlöse machten die UEFA zum reichsten Sportverband der Welt.

Um diese Maschine weiter wachsen zu lassen, wurde die Champions League im Gegensatz zu den anderen Wettbewerben massiv gefördert. Der Pokalsiegerwettbewerb wurde 1999 zugunsten eines zweiten Spieltags der Champions League ganz abgeschafft und der UEFA-Cup immer unwichtiger. Schließlich wurde auch hier ein neues Format mit der Europa League geschaffen und seit 2021 noch ein kleinerer Wettbewerb namens Conference League kreiert.

Diese beiden Wettbewerbe bringen aber nur einen Bruchteil der Einnahmen im Vergleich zur Champions League.

Da die großen europäischen Vereine aber immer mehr Geld benötigen und zugleich mehr Planungssicherheit bei den Einnahmen wünschen, gibt es regelmäßig die Idee einer eigenen pan-europäischen Superleague. Mit der Drohung einer möglichen Abspaltung von der UEFA folgen dann auch sofort Zugeständnisse des Kontinentalverbandes und eine erneute Erweiterung des Wettbewerbs. Ab der Saison 2024/25 erfolgt die Ausweitung des Turniers auf sechsunddreißig Mannschaften und in der ligaähnlichen Gruppenphase spielt nun jede Mannschaft vier Heim- und vier Auswärtsspiele. Die UEFA erhofft sich weitere Einnahmesteigerungen auf über fünf Milliarden Euro pro Saison. Ich selbst schaue die Champions League, wie vermutlich jeder Fußballfan, sehr gern und das jährliche Finale entwickelt sich zum europäischen Gegenstück des Superbowls.

Aber es gibt natürlich auch eine Schattenseite dieser Erfolgsstory. Wenn ein Verein wie Bayern München oder der FC Liverpool heute die Champions League gewinnt, kann er zusätzliche Erlöse von bis zu hundertfünfzig Millionen Euro erzielen. Diese gewaltige Summe setzt sich aus einer Antrittsgage, Prämien und einer komplizierten Beteiligung an den TV-Erlösen, die die Wertigkeit der jeweiligen TV-Märkte berücksichtigt, zusammen. Dazu kommen Zuschauereinnahmen und Bonuszahlungen der vereinseigenen Sponsoren.

Anders sieht es in der Europa League aus. Eintracht Frankfurt hat in der letzten Saison für den Sieg etwas über dreißig Millionen Euro von der UEFA erhalten, dazu kommen noch die Zuschauereinnahmen. Zieht man aber die Prämienzahlungen an die Spieler sowie Reise- und Organisationskosten ab, sind die Einnahmen eines Europa-League-Gewinners im Vergleich zu denen eines

Champions-League-Siegers sehr gering. Dieses Missverhältnis wird sich in den kommenden Jahren noch steigern. Im neuen Format rechnen die Spitzenvereine mit Einnahmen von bis zu zweihundertfünfzig Millionen Euro im Jahr.

Was bedeutet das nun für den Fußball im Allgemeinen und die nationalen Ligen im Einzelnen? Man muss kein großer Experte sein, um zu erkennen, dass etwa ein Verein wie Bayern München mit zwei Champions-League-Final- oder Halbfinalteilnahmen in Folge eine fast uneinholbare Finanzspritze erhält, die es den Konkurrenten innerhalb der nationalen Liga schwer macht, hier finanziell mitzuhalten. Gerade die Bayern, die mit zehn aufeinanderfolgenden Titeln in der Bundesliga und Umsätzen von knapp siebenhundert Millionen Euro ohnehin schon eine Klasse für sich sind, werden damit noch einmal den Abstand zu den anderen Teams vergrößern. Und da Geld ja bekanntlich Tore schießt, sehe ich die Gefahr einer großen Langeweile auf die Bundesliga zukommen. Ich gehe ja auch nicht zehnmal hintereinander in denselben Kinofilm, wenn ich das Ende des Films bereits kenne!

Dasselbe gilt übrigens für die meisten anderen Topligen in Europa. Einzig die Premier League liefert einen spannenden Meisterkampf, da milliardenschwere Investoren für die nötigen Investitionen sorgen können.

Ich möchte natürlich nicht die hervorragende Arbeit im sportlichen und wirtschaftlichen Bereich beim FC Bayern schmälern. Aber es sollte auch im Interesse der Münchner sein, dass die Bundesliga im oberen Drittel langfristig spannend bleibt. Deswegen plädiere ich für eine gleichmäßigere Verteilung der Gelder in den europäischen Wettbewerben. Die Champions League muss einfach die Europa League und vielleicht sogar die Conference League quersubventionieren. Dabei ist mir bewusst, dass man den großen Vereinen nichts wegnehmen kann, aber man sollte überlegen, die zukünftigen Zusatzeinnahmen aus dem neuen Format zugunsten der anderen europäischen Wettbewerbe umzuverteilen. Das würde zu einer breiteren Spitze in den europäischen Ligen führen und damit zu mehr Spannung. Denn nur eine spannende Liga kreiert das Interesse bei den Fans, und die sind die Basis von allem.

Zurück nach Deutschland – München ist letztlich meine Heimat geworden. Italien ist meine große Liebe, und München, da bin ich zu Hause.

Die Menschen und die Lage gefallen mir. Man ist beispielsweise schnell in Kitzbühel oder am Gardasee oder meinetwegen auch in Mailand und das ist für mich immer wichtig gewesen.

Anfänge in der Nationalmannschaft – Euro 1984 und Olympiade in L.A.

1984 wurde ich, als ich in Kaiserslautern spielte, zum ersten Mal in die Nationalmannschaft berufen. Von 1984 bis 1994 bestritt ich insgesamt sechsundachtzig Spiele für die Nationalelf, mit einer achtzehnmonatigen Pause von 1992 bis kurz vor der WM 1994, zu der Berti Vogts mich zurück in die Mannschaft geholt hatte. Ohne diese Unterbrechung hätte ich es sicher auch auf hundert Spiele gebracht.

Nun war es aber nicht so, dass der Bundestrainer persönlich bei den Spielern anrief und sie zu einem Länderspiel einlud, auch wenn das in den Medien häufig so dargestellt wurde. Die einzige mir bekannte Ausnahme war die Absprache zwischen Berti Vogts und mir. Ich war 1992 mit zweiunddreißig Jahren als Nationalspieler zurückgetreten, um jüngeren Spielern eine Chance zu geben. Ich hatte dem damaligen Bundestrainer aber gesagt, er könne mich jeder Zeit anrufen, wenn Not am Mann sei. Und das tat er dann, als für Deutschland zwei schwierige Spiele anstanden und er glaubte, die Mannschaft brauche Verstärkung. Zwar waren es »nur« Freundschaftsspiele, aber es waren Prestigeduelle gegen

Brasilien (1:1) und Italien (0:0), die man nur ungern verliert.

Vogts war von meiner Leistung so beeindruckt, dass er gleich nach den Spielen zu mir sagte, ich würde ab sofort wieder zur Nationalmannschaft gehören. Ich freute mich natürlich, erklärte ihm aber auch, dass es für mich in Ordnung sei, bei der anstehenden WM auf der Ersatzbank zu sitzen und nur im Notfall zu spielen. Normalerweise liefen Berufungen in die Nationalmannschaft aber damals anders ab. Spieler wurden von offizieller Stelle zu Lehrgängen eingeladen und in die Nationalmannschaft berufen, nicht vom Trainer. Die eigentliche Nominierung erfuhren wir dann im Fernsehen aus dem ZDF-Sportstudio. Anschließend organisierte der DFB das Treffen der Mannschaft in Frankfurt. Bei meiner ersten Einberufung zur A-Nationalmannschaft für ein Spiel gegen Bulgarien, für das wir nach Sofia flogen, war ich natürlich nur ein Spieler unter vielen. Die großen Stars waren Spieler wie Kalle Rummenigge, Uli Stielike, Klaus Allofs und Toni Schumacher, die ich natürlich aus der Liga kannte.

Keiner von ihnen hatte irgendwelche unangenehmen Starallüren und so klappte die Eingliederung in die Mannschaft für mich wunderbar. Ich und auch andere neue Spieler später wurden in der Gemeinschaft willkommen geheißen und freundlich aufgenommen. Ich erinnere mich zumindest nicht daran, dass jemand je unfreundlich zu neuen Mitspielern war oder sie gar gemobbt hätte. Ohnehin hätten unsere Trainer, allen voran Franz Beckenbauer, so etwas sofort unterbunden.

Mein erstes großes Turnier spielte ich 1984 für die A-Nationalmannschaft bei der EM in Frankreich. Leider schieden wir bereits in der Vorrunde nach dem Spiel gegen Spanien aus. Obwohl wir die eindeutig bessere Mannschaft waren, kassierten wir kurz vor dem Abpfiff noch ein Gegentor und verloren das Spiel 0:1.

Klar ist, wenn man als deutsche Nationalmannschaft in der Vorrunde einer EM ausscheidet, auch wenn es so unglücklich war wie in diesem Spiel, hat man etwas falsch gemacht.

Um die darauf folgende Aufregung wirklich zu verstehen, muss man sich daran erinnern, dass das Bosman-Urteil noch nicht gefallen und der Vereinsfußball noch nicht so international war wie heute. Damals spielten die Fußballer in den Vereinen ihres jeweiligen Heimatlandes und in kleineren oder ärmeren Ländern waren die Trainingsmöglichkeiten nicht dieselben wie etwa in der reicheren Bundesrepublik. Somit galt Deutschland, noch mehr für die Fans als für Experten, als einer der Favoriten. Natürlich galt auch damals schon, dass in einer EM oder WM die Besten spielten, aber heute gibt es diese »kleinen« Mannschaften im Grunde nicht mehr, weil viele ihrer Spieler in den großen ersten Ligen Europas spielen und dieselbe Ausbildung haben wie ihre Kollegen aus den übrigen Mannschaften. Somit ist es heute noch mehr ein Erfolg, sich überhaupt für ein solches Turnier zu qualifizieren als früher. Ungeachtet dessen liegen in Deutschland die Erwartungen immer noch so hoch wie 1984. Im Grunde erwarten die Fans mindestens das Halbfinale, aber eigentlich das Endspiel. 1984 gab es diese Unterschiede zwischen den Mannschaften aber noch und dementsprechend war die Aufregung groß.

Nach unserem frühen Ausscheiden in der Vorrunde geriet der damalige Nationaltrainer Jupp Derwall so unter Druck, dass er zurücktreten musste. Er war zur Zielscheibe der Boulevardpresse geworden und heftigen Attacken in der Öffentlichkeit ausgesetzt, die in persönlichen Beleidigungen und Beschimpfungen ausarteten, die ein für einen Bundestrainer nicht gekanntes Ausmaß annahmen.

Wie ich schon weiter oben geschilderte, ist es eben so, dass als erstes die Trainer ausgetauscht werden, wenn etwas in der Mannschaft nicht rund läuft, und das gilt eben auch für den Bundestrainer. Mit all dem öffentlichen Druck war es beinahe unmöglich, dass Derwall Bundestrainer blieb. Als erster Bundestrainer überhaupt gab er seinen Posten vorzeitig auf, aber ich muss sagen, er war ein großartiger Trainer und das hatte er so nicht verdient. Sicher gab es kleinere Probleme in der Mannschaft und er hatte sie nicht mehr hundertprozentig im Griff, aber die Art und Weise, wie mit ihm umgegangen wurde, war ungerecht.

Dies empfand auch Derwall so und war sehr unglücklich mit der Situation. Aber dieses Empfinden ist wohl normal, wenn man entlassen wird oder einem nahegelegt wird, aufzuhören.

Wir Spieler hatten nach der EM zwei oder drei Tage frei und flogen dann gleich nach Los Angeles zur Olympiade.

Neben meiner Berufung in die U-21- und die A-Nationalmannschaft wurde ich 1983 auch in die Olympia-Auswahl berufen. Erich Ribbeck und Berti Vogts waren damals die Trainer und die beiden leisteten dort großartige Arbeit.

Für die Nationalmannschaft in einem Fußballturnier zu spielen war großartig, aber an einer Olympiade teilzunehmen, war noch einmal etwas ganz Anderes. Das war noch größer und war für viele von uns eine völlig neue Erfahrung, denn hier trafen wir eben nicht nur auf andere Fußballer, sondern auch auf Sportler anderer Sportarten, mit denen wir normalerweise keinen Kontakt hatten. Wir bekamen das Leben im Olympischen Dorf mit, obwohl wir Fußballer leider nicht dort untergebracht waren, sondern außerhalb übernachteten. Trotzdem spürten wir alle die großartige Atmosphäre und es war ein tolles Erlebnis, auch wenn wir weder an der Eröffnungs- noch an der Abschlussfeier teilnahmen. Wir fieberten gemeinsam mit unseren Mannschaftskollegen aus anderen Sportarten mit.

Wir Fußballer verloren im Viertelfinale gegen Jugoslawien 5:2 und flogen so aus dem Turnier. Das Spiel war trotzdem super und die Jugoslawen hatten eben eine richtig gute Mannschaft.

In unserer deutschen Olympia-Mannschaft spielten damals viele Spieler aus Saarbrücken, die ich alle schon von meiner Zeit in dem Verein kannte. Erinnern kann ich mich an Egon Schmidt, den Kapitän und die Traser-Zwillinge. Einige der Spieler wurden hinterher auch A-Nationalspieler. Das war allerdings nicht nur in Deutschland so, sondern auch in anderen Ländern, sodass ich viele von diesen Spielern bei späteren Turnieren wieder traf und in gemeinsamen Erinnerungen an die Olympiade schwelgen konnte.

Teamchef
Franz Beckenbauer

Nach dem Theater um Jupp Derwall wurde, wie von der Öffentlichkeit gefordert, bereits zwei Tage nach Derwalls Abgang Franz Beckenbauer der neue Bundestrainer. Er wurde als der Heilsbringer gehandelt und so wurde er als erster und einziger Trainer »Teamchef«, denn er hatte keinerlei Trainerlizenzen. Aber ein Weltklassefußballer wie Franz, der noch dazu jahrelang Nationalmannschaftskapitän gewesen war, benötigte so etwas auch nicht. Die Ergebnisse, die er als Trainer erzielte, bestätigen das, auch wenn einige daran herumkritteln, wie er überhaupt seinen Posten bekommen hatte.

Die Entscheidung, dem Druck der Öffentlichkeit nachzugeben, kam von ganz oben, die Mannschaft wurde nicht gefragt, nicht einmal der Kapitän. Für mich war die Trainerfrage allerdings gar nicht so wichtig. Für mich war damals erst einmal das Wichtigste, mit dem Adler auf der Brust antreten zu dürfen. Schon als kleiner Junge hatte ich, wie wohl die meisten fußballbegeisterten Jungen es tun, genau davon geträumt und mit meiner Berufung in die Nationalelf war ein Traum in Erfüllung gegangen.

Beckenbauer galt schon damals als die Lichtgestalt des deutschen Fußballs und wurde von der Mannschaft nicht infrage gestellt. Natürlich waren mit der Nominierung große Erwartungen an ihn verknüpft und Beckenbauer stand in der ersten Zeit gewaltig unter Druck. Für uns Spieler war er eine Respektsperson und alle ordneten sich ihm unter. Das war schon so gewesen, als er selbst noch Spieler gewesen war und als Kapitän der Bayern und der Nationalmannschaft alles gewann, was es zu gewinnen gab. Jetzt als Trainer galt das erst recht. Es gab eine Ausnahmesituation bei der Weltmeisterschaft 1986 in Mexiko, die als Suppenkasper-Affäre große Aufregung in der Presse verursachte. Uli Stein war einfach frustriert gewesen, dass Toni Schumacher seine Position als Torwart Nummer Eins übernommen hatte und machte diese dumme Bemerkung über unseren Teamchef.

Aber Franz Beckenbauer duldete, anders als Derwall, solche Respektlosigkeiten nicht. Am Ende entschieden die Trainer und die DFB-Spitze, dass Uli Stein von der WM nach Hause fliegen musste.

Franz setzte Respekt und Disziplin rigoros durch und blöde Ausreden brauchte man ihm nicht erzählen. Er war selbst lange Spieler gewesen, kannte alle Tricks und durchschaute sie sofort.

Franz führte einige neue Methoden ins Training ein. So ließ er wesentlich mehr Standards trainieren. Wenn die funktionieren und die Abläufe für die Spieler Automatismen geworden sind, über die sie nicht nachdenken müssen, sind das die einfachsten Tore. Und Franz, mit seiner Passqualität und seinen perfekten Flanken, wusste, wovon er sprach.

Dazu kam ab der WM 1986 die Videoanalyse. Bei den Vereinen gab es so etwas überhaupt nicht. Die

Nationalmannschaft war bei solchen Neuerungen immer einen Schritt voraus.

Videoanalyse sah damals so aus, dass jemand die vorhandenen Fernsehbilder organisierte und auf einem Videoband zusammenschnitt. Anders als heute waren das nicht dreißig oder mehr verschiedene Kamerawinkel oder gar Superzeitlupen, sondern drei, vier oder vielleicht sechs Kameras, die der Sender dabei gehabt hatte.

Wer für die Organisation und das Schneiden zuständig gewesen war, weiß ich leider nicht mehr, das ließ Franz vorbereiten. Er zeigte uns dann das Video und ging mit uns einzelne Punkte durch. Aber auch, wenn uns die technischen Finessen von heute fehlten, so war es doch eine völlig neue und sehr hilfreiche Erfahrung für uns.

Bisher hatte niemand so genau gewusst, wer auf dem Platz was leistete, wie viele Kilometer jeder Spieler lief. Alle liefen einfach immer mit vollem Einsatz und wer mit sauberem Trikot und Stutzen vom Platz kam oder kaum geschwitzt hatte, der hatte mit Sicherheit nicht genügend Einsatz gezeigt.

Das erste große Spiel mit Franz als Bundestrainer war ein Freundschaftsspiel 1984, das wir zu Hause 1:3 gegen die argentinische Mannschaft, zu der auch Maradona gehörte, verloren. Das hat den Druck auf Beckenbauer sicher nicht verringert, aber er hielt das aus und blieb weiter auf seine Ziele fokussiert.

WM in Mexiko 1986 und Euro 1988 in Deutschland

Das erste große Turnier mit Franz Beckenbauer als Trainer war die WM 1986 und die Erwartungen an den Trainer ohne Trainerschein waren hoch: Mindestens das Endspiel sollte es sein. Und die Erwartungen wurden erfüllt. Wir wurden Vizeweltmeister!

Um so weit zu kommen, um bei einem solchen Turnier überhaupt mitspielen zu können, genügt es nicht, einen guten Trainer zu haben, der die Mannschaft vorbereitet und motiviert. Da müssen viele Rädchen perfekt ineinandergreifen, auch solche, auf die der Trainer gar keinen Einfluss hat. So lastet zwar der größte Druck auf dem Trainer, der Erfolg der Mannschaft hängt aber eben nicht nur von ihm ab.

Tatsächlich ist der Umfang der Beteiligten, die an einem solchen Projekt wie einer WM-Teilnahme mitwirken, von Turnier zu Turnier größer geworden. Bei der WM 1986 hatte die Nationalmannschaft einen Trainer, Franz Beckenbauer, einen Co-Trainer, Holger Osieck, und den Torwarttrainer Sepp Maier dabei. Dazu kamen die beiden Masseure Eder und Katzmeier und unser Mannschaftsarzt Prof. Dr. Heinrich Heß. Zusätzliche Physiotherapeuten, Personal-Fitnesstrainer, Diätberater oder Analysetrainer mit Computern gab es noch nicht.

Vor den großen Turnieren gab es damals immer noch eine Art Vorbereitungsturnier, ähnlich wie der Confederations Cup in späteren Jahren, bei dem die ausrichtenden Länder feststellen konnten, ob alle Abläufe reibungslos klappten.

1985 war es für uns der Azteca2000 Cup, bei dem wir gegen England und Mexiko spielten. Ich erinnere mich an zwei Niederlagen, zuerst ein 0:3 gegen England und dann ein 0:2 drei Tage später gegen Mexiko. Beim Englandspiel litt die ganze Mannschaft unter Montezumas Rache, wir hatten wohl etwas Falsches gegessen.

Aber spätestens im Halbfinale des eigentlichen Turniers waren wir dann voll da, obwohl im Vorfeld niemand auf uns gesetzt hätte. Im Halbfinale gegen Europameister Frankreich waren dann auch die Franzosen eindeutig die Favoriten mit ihren großartigen Spielern Battiston, Platini, Tigana, Giresse und einigen anderen. Wir selbst waren nur mit einigen Mühen ins Halbfinale eingezogen. Nach einer schwierigen Gruppenphase gegen Dänemark, Uruguay und Schottland gab es eine Hitzeschlacht bei fünfunddreißig Grad in Monterrey gegen Marokko. Ein Spiel, das wir erst durch einen späten Freistoßtreffer von Lothar Matthäus für uns entschieden. Darauf folgte das Viertelfinale gegen den Gastgeber Mexiko, das wir im Elfmeterschießen dank zweier Glanzparaden von Toni Schumacher 4:1 für uns entschieden.

Das WM-Halbfinalspiel wurde zwar in weiten Teilen von den Franzosen dominiert, aber wir waren schon in der neunten Minute durch ein Tor von mir in Führung gegangen. Die Franzosen gingen ins Risiko, wollten durch einen Ausgleichstreffer in letzter Minute eine

Verlängerung erzwingen und rückten weit vor unser Tor. Und so passierte das Unvermeidliche und sie kassierten in letzter Minute noch ein weiteres Gegentor, das Rudi Völler schoss. So gewannen wir das Halbfinale mit 2:0 und zogen etwas überraschend ins Endspiel ein.

Das Finale fand an einem heißen mexikanischen Sommertag statt. Die Argentinier waren in diesem Jahr besser als vier Jahre später bei der WM 1990. Diego Maradona spielte das Turnier seines Lebens und war in bestechender Form.

Dazu kam, dass wir uns durch unsere eigene Naivität um den Erfolg brachten. Kurz vor dem Abpfiff stand es 2:2 und wir stürmten nach vorne, um noch ein Tor zu erzielen. So war unsere Defensive löchrig und wir kassierten das 3:2.

Hätten wir es in die Verlängerung geschafft, hätten wir das Spiel vermutlich gewonnen, denn wir waren körperlich fitter als die Argentinier und sie verließen langsam die Kräfte. So aber verloren wir das Spiel durch unsere eigene Dummheit.

Natürlich hatten wir in dem gesamten Turnier nicht schlecht gespielt, aber 1990 bei der Wiederholung des Finales waren wir dann die klar bessere Mannschaft, aber für den Sieg mussten wir eben noch vier Jahre warten.

Nach der Endspielniederlage hörten dann viele ältere Spieler auf: Spieler wie Hans-Peter Briegel, Karl Allgöwer, Felix Magath, Klaus Allofs, Dieter Hoeneß und Karl-Heinz Rummenigge verließen die Mannschaft für einen Neuanfang.

Nach dem Spiel hatten wir aber noch einige sehr schöne Momente zusammen und eine interne Feier, denn immerhin hatten wir das Endspiel erreicht und waren stolzer Vizeweltmeister und letzten Endes war es doch mehr ein Erfolg, Vizeweltmeister geworden zu sein als eine Enttäuschung, das Spiel verloren zu haben. Wir waren erneut die zweitbeste Mannschaft der Welt!

Und das sahen die Leute zu Hause ebenfalls so und feierten uns und vor allem unseren Trainer Franz Beckenbauer für unsere Vizeweltmeisterschaft, statt sich auf die Niederlage zu konzentrieren.

Es wäre schön, wenn die Leute sich heute daran erinnern würden, dass auch eine Vizeweltmeisterschaft oder auch nur eine Turnierteilnahme eine großartige Leistung darstellt, denn auch in anderen Ländern gibt es tolle Mannschaften, die den Titel ebenso sehr verdienen wie wir.

Als wir in Frankfurt gelandet waren, gab es einen Riesenempfang auf dem Römer und die Leute feierten uns überschwänglich.

1988 fand die Europameisterschaft in Deutschland statt. Das und vor allem die Tatsache, dass wir in der WM zwei Jahre zuvor Vizeweltmeister geworden waren, machte uns automatisch zu Mitfavoriten.

Ein weiterer Favorit in dieser EM waren die Niederlande mit ihrem Starstürmer Marco van Basten, der in diesem Turnier auch Torschützenkönig wurde.

Seit dem WM-Finale 1974 traf die deutsche Nationalmannschaft wiederholt auf die Niederlande und in diesen spannenden, hart umkämpften Spielen wurde die Oranje immer mehr zu dem Erzrivalen, der sie bis heute geblieben ist. Es ist aber auch jedes Mal erstaunlich, wie die kleinen Niederlande es schaffen, immer wieder solche fantastischen Mannschaften zusammen-zubekommen und ihren Stellenwert als große Fußballnation unter Beweis zu stellen.

Im Halbfinale trafen unsere beiden Mannschaften dann wieder aufeinander. Vor dem Spiel waren viele der Meinung, dass das Duell zwischen Jürgen Kohler und Marco van Basten spielentscheidend sein würde – und letzten Endes war es das auch.

Zunächst gingen wir in der fünfundfünfzigsten Minute nach einem Foul an Jürgen Klinsmann, für das wir vom rumänischen Schiedsrichter Igna einen Elfmeter bekamen, 1:0 in Führung. Lothar Matthäus verwandelte ihn gegen den niederländischen Torwart Hans van Breukelen.

Dann kam es zu einer Aktion Kohlers gegen van Basten und der Schiedsrichter entschied auf einen weiteren Elfmeter, dieses Mal für die Niederlande. Ronald Koeman verwandelte diesen dann in der vierundsiebzigsten Minute zum 1:1-Ausgleichstreffer. In der achtundachtzigsten Minute schoss van Basten dann den 1:2-Siegtreffer für die Niederlande und sie zogen ins Finale ein.

Das war ein Spiel zweier Mannschaften auf Augenhöhe und die ganzen Niederlande feierten ihren Sieg euphorisch. Die Niederlande wurden dann verdient Europameister durch einen Sieg im Finale gegen die Sowjetunion.

Für uns war es eine herbe Enttäuschung, das Halb-finale im eigenen Land so kurz vor Schluss zu verlieren, aber so ist es nun einmal im Fußball. Ich habe andererseits solche Spiele auch schon gewonnen und allzu lange darf man sich damit nicht aufhalten.

Aus meinem Fotoalbum

Ein kleiner Scherz zu Lasten des großen Rivalen von
Inter Mailand, dem AC Milan.

Mit Jogi Löw im Urlaub auf Sardinien.

Auf den Straßen von München mit Freund und
Europameister Mehmet Scholl.

Wenn mir Günter Netzer doch ein besseres Angebot für
den HSV gemacht hätte …
Freunde sind wir aber geblieben!

Mit Iker Casillas, Weltmeister und Real-Madrid-Legende.

Weltmeister mit Brasilien und Künstler am Ball –
Ronaldinho.

Besuch von Giuseppe Bergomi in Bardolino.

Dreißig Jahre nach dem Rückflug aus Rom mit einer Maschine der Luftwaffe hat die Bundeswehr das Foto mit dem WM-Pokal und dem damaligen Flugbegleiter noch einmal nachgestellt.

Dreißig Jahre Weltmeisterschaft 1990 – Mannschaftsfeier in der Toskana.

Mit Rudi, Lothar und Franz in der Toskana.

Die alte Inter Mannschaft ist jedes Jahr Gast bei unserem
Präsidenten Ernesto Pellegrini.

Mit Lothar und Thomas Häßler auf Reisen.

Interisti unter sich – mit Laurent Blanc und Luis Figo.

Mit Christian Vieri in Mailand – es ist immer
ausgesprochen lustig, Christian zu treffen!

Barmbek Uhlenhorst in Hamburg war mein erster Verein!

Mit AS Rom Legende Francesco Totti.

Beim Golfen mit Pavel Nedvêd, dem tschechischen Star von Juventus Turin.

Mit meinem Freund Joachim Philipkowski in der Jugend
von Barmbek-Uhlenhorst.

Immer für ein Spielchen bereit!

Zu Besuch im FIFA-Museum in Zürich mit »meinem«
Pokal.

Mit Olaf Thon und Rudi Völler im Deutschen
Fußballmuseum.

Hans-Peter Briegel – die Walz aus der Pfalz!

Giuseppe Bergomi war Kapitän der legendären
Mannschaft Inter dei Record.

Unterwegs mit meinem E-Bike.

Businessman.

Ein schönes Bild von mir aus der Zeit bei der WM 1990,
gemalt von Huthyfa Abdul Zahra.

Die Katze von Anzing – Welt-, Europameister und
FC-Bayern-Legende Sepp Maier.

Aufnahme in die Hall of Fame des Deutschen
Fußballmuseums zusammen mit Paul Breitner und Franz
Beckenbauer.

WM 1990 in Italien

Die WM 1990 war für mich persönlich das beste Turnier meiner gesamten Karriere und wird mir für immer in bester Erinnerung bleiben.

Ein wichtiger Punkt für die Mannschaft war, dass es keine Spannungen im Team gab. In diesem Turnier waren wir eine harmonische Truppe, fast schon ein eingeschworener Haufen.

Zu einem so großen Turnier, muss man wissen, gehört für die Mannschaft nicht nur die Zeit des eigentlichen Turniers, das etwa vier Wochen dauert, sondern auch eine vierwöchige Vorbereitungszeit. Und in diesen insgesamt acht Wochen ist die Mannschaft ständig zusammen, man ist beinahe miteinander eingesperrt und wenig von außen dringt zur Mannschaft durch. Keinerlei Ablenkung soll die Spieler in ihrem Fokus stören. Wenn man so lange so eng zusammenlebt, kann es schon mal Reibereien oder auch größere Auseinandersetzungen geben, aber das passierte 1990 nicht.

In unserer Vorbereitungszeit in Kaltern merkte ich als erfahrener Nationalspieler – diese WM war immerhin mein viertes großes Turnier – schnell, dass in dieser Mannschaft alles passte. Wir verstanden uns gut und die Stimmung im Team war großartig. Bis heute ist das übrigens noch so und wir alle stehen in engem, freundschaftlichem Kontakt miteinander.

Sicherlich trug auch die Zusammensetzung der Mannschaft zur guten Stimmung bei. Insgesamt zehn von uns spielten für italienische Vereine, darunter Lothar Matthäus, Jürgen Klinsmann und ich für Inter Mailand. Hinzu kamen einige Bayern-Spieler. Alle zweiundzwanzig Spieler, auch Paul Steiner und Günther Herrmann, die gar nicht spielten, waren gleich wichtig und integriert, sodass sich niemand wie das fünfte Rad am Wagen fühlte.

Franz und die anderen Trainer hielten sich da heraus, denn es ist wichtig, dass ein solches Gemeinschaftsgefühl aus der Mannschaft heraus erwächst. So etwas kann niemand steuern und das wussten unsere Trainer. Und natürlich gab es da den großartigen Trainerstab mit Franz Beckenbauer an der Spitze, der für uns alle nach wie vor die Respektsperson war, Berti Vogts, Sepp Maier und Holger Osieck.

Insbesondere während des Turniers legte Franz Beckenbauer großen Wert auf die Disziplin der Spieler und sorgte dafür, dass wir gar keine Zeit hatten, Unsinn zu machen. Das ist auch mit ein Grund, warum es nichts Erzählenswertes über Dinge hinter den Kulissen gibt. Beckenbauer sorgte dafür, dass wir fokussiert blieben, dass Gespräche untereinander oder mit den Trainern sich zumeist um das nächste Spiel drehten, um die Vorbereitung darauf.

Nach den Spielen wurden wir noch massiert und mit Eis, Wärme, Tapes oder was immer gerade nötig war behandelt. Die Arbeit der Physios bei so einer WM ist ein

Fulltimejob. Im Grunde sind sie diejenigen, die dort am meisten arbeiten.

Ein weiterer wichtiger Grund unseres Erfolges war auch die Tatsache, dass die WM in Italien stattfand. Da ja viele von uns in Italien spielten und lebten, kannten wir uns in Italien aus und es wurde für uns viel, viel einfacher. Unser WM-Quartier war nur acht Kilometer von meinem Haus in Carimate entfernt und so fühlte es sich für mich beinahe wie eine Weltmeisterschaft zu Hause an.

Zudem konnten durch die relative räumliche Nähe zu Italien viele deutsche Fans, unter ihnen viele aus den neuen Bundesländern, die nach dem Mauerfall im November zuvor erstmals frei reisen konnten, nach Italien kommen. Daher war das Stadion San Siro in Mailand, in dem unsere ersten fünf Spiele stattfanden, überwiegend mit deutschen Fans gefüllt. Für Lothar, Jürgen und mich waren diese Spiele in San Siro wie Heimspiele und auch unter den italienischen Zuschauern hatten wir etliche Fans. All das schuf für uns natürlich zusätzlich Anreiz und Motivation.

Unser erstes Spiel absolvierten wir gegen die Jugoslawen, die Geheimfavoriten. Vor ihnen hatten wir gehörigen Respekt. Jugoslawien war zuvor mit seiner U-21-Auswahl Weltmeister geworden und Roter Stern Belgrad hatte die Champions League gewonnen. Damals waren die Vereinsmannschaften noch nicht so international wie heute, oft kannten wir die Spieler anderer Nationen nur aus dem Fernsehen und so konnten wir unseren Gegner nicht recht einschätzen.

Aber wir machten ein super Auftaktspiel, in dem Lothar gleich zwei Tore schoss und das wir dann verdient mit 4:1

gewannen. Dieser erfolgreiche Turnierstart war wahnsinnig wichtig, denn er gab der ganzen Mannschaft einen Motivationsschub und Selbstvertrauen. Dass ich eine Gelbe Karte kassierte, war da nur Nebensache.

Im zweiten Spiel gegen Saudi-Arabien kassierte ich dann meine zweite Gelbe Karte und so musste ich bei unserem dritten Gruppenspiel pausieren, ehe die Gelben Karten für die folgenden Spiele wieder gelöscht wurden.

Das Achtelfinale gegen Holland war dann eine Revanche für die EM-Halbfinalniederlage zwei Jahre zuvor. Die

Stimmung im San Siro war einfach nur grandios. Sehr viele deutsche Fans waren angereist und auch die Italiener unter den Zuschauern waren nicht neutral. Neben uns drei deutschen Inter-Spielern standen auf der niederländischen Seite mit Marco van Basten, Frank Rijkaard und Ruud Gullit drei Spieler vom AC Mailand auf dem Platz und so waren die italienischen Inter-Fans eher für uns und die Mailänder Fans des AC Mailand natürlich für die Niederländer. Beinahe entwickelte sich auf diese Weise ein kleines Mailand-Derby.

Es war von beiden Mannschaften ein sehr gutes Spiel, das wir schließlich mit 2:1 gewannen. Ich habe es mir neulich noch einmal angeschaut und wieder einmal festgestellt, dass es von der Intensität her den heutigen Spielen in nichts nachstand.

Ich selbst habe in diesem Spiel auch ein schönes Tor geschossen. Ich konnte sehen, dass der holländische Torwart van Breukelen falsch stand und schoss einfach. Das sind die Momente, in denen man nicht denken, sondern einfach machen sollte. Dieses »Einfach-Machen« vermisse ich heute manchmal bei den jungen Spielern. Die denken viel zu viel, statt sich einfach auf das Gelernte zu verlassen, das man immer und immer wieder trainiert hat. Denn genau für solche Momente ist das Training doch da.

Jürgen Klinsmann machte das Spiel seines Lebens und die viel diskutierte Spuckattacke von Rijkaard an

Rudi Völler wurde per Handschlag im Spielertunnel zwischen Männern geregelt, nachdem beide vom Platz geflogen waren.

Rudi und Frank haben das also sofort beigelegt und später sogar einen Werbespot zusammen gedreht.

Wie Franz Beckenbauer ticken konnte, haben wir nach dem Viertelfinalspiel gegen die Tschechoslowakei gemerkt. Wir hatten das Spiel 1:0 gewonnen, zum Schluss sogar mit einem Mann mehr auf dem Platz. Trotz unseres Sieges wurde es nach dem Spiel allerdings laut in der Kabine.

Wir hatten die Tschechen eigentlich gut im Griff und lagen durch einen Elfmeter von Lothar mit 1:0 vorn. In den letzten zwanzig Minuten hatten wir dann durch einen Platzverweis einen Mann mehr auf dem Feld, nur hörten wir praktisch auf, Fußball zu spielen. Das machte die Tschechen trotz ihrer Unterzahl stark und führte zu einigen gefährlichen Momenten und mit gerade einmal einem Tor Vorsprung war das noch lange kein sicherer Sieg.

Und darum stauchte Franz uns in der Kabine völlig zu Recht zusammen. Ich erinnere mich bis heute an diese Tirade.

Sie endete erst, als Sepp Maier sagte: »Franz, wir sind im Halbfinale. Wir haben 1:0 gewonnen.«

Woraufhin Franz antwortete: »Sepp, du hast Recht.«

Und danach war die Stimmung auch wieder gut.

Beckenbauer war, was den Fußball anging, nur eben Perfektionist. Das war er schon als Spieler gewesen, egal auf welcher Position, egal für welche Mannschaft er spielte – Bayern, HSV oder Nationalmannschaft. Als Trainer war er es erst recht. Und da konnte er eben auch mal deutlich werden, wenn es notwendig war.

Heute ist er ein enger Freund, mit dem ich regelmäßig in Kontakt bin, und auch damals hatten wir nie Probleme miteinander.

Im Halbfinale ging es dann in Turin gegen die Engländer. Wir fuhren am Spieltag mit unserem Mannschaftsbus von Erba nach Turin und nach dem Spiel gleich wieder zurück an den Comer See.

Die Engländer hatten ein tolles Turnier gespielt und besaßen eine sehr gute Mannschaft mit Stars wie Gary Lineker oder Paul Gascoigne, der gleich am Anfang unseres Spiels eine Gelbe Karte kassierte und für ein mögliches Endspiel gesperrt gewesen wäre.

Wir wussten noch vor dem Anpfiff, dass es ein schweres Spiel werden würde, umso mehr freuten wir uns, als wir durch ein kurioses Freistoßtor von mir in Führung gingen, da mein Schuss unhaltbar für den Torwart Peter Shilton abgefälscht wurde.

Aber Gary Lineker gelang kurz vor Schluss der Ausgleich, sodass es nach einer torlosen Verlängerung zum schon fast sprichwörtlichen Elfmeterschießen gegen England kam. Lothar Matthäus, Kalle Riedle, Olaf Thon und ich verwandelten alle unsere Elfmeter sicher und ohne Probleme. Wir hatten wirklich viele sichere Schützen in der Mannschaft. Waddle und Pearce hatten nicht die Nerven und verschossen ihre Elfmeter, sehr zum Leidwesen von ganz England, das schon von einem Finale in Rom geträumt hatte. Die Engländer waren natürlich enttäuscht, aber nach dem Spiel konnte ich, weil unsere Busse nebeneinander auf dem Parkplatz standen, sehen, dass sie trotzdem feierten, denn schließlich ist es trotz Niederlage ein riesiger Erfolg, es bis ins Halbfinale einer WM geschafft zu haben.

Den Verlauf des Finales gegen Argentinien habe ich ja schon im ersten Kapitel geschildert.

Vor dem Spiel fuhren wir mit unserem Bus von unserem Hotel außerhalb Roms ins Olympiastadion. Die Straßen waren schon bei der Hinfahrt mit Tausenden von deutschen Fans gesäumt, die uns zujubelten. Das war ein unheimlich schönes Erlebnis und motivierte unsere Mannschaft ungemein. Dazu kamen die italienischen Fans, die alle auf unserer Seite standen, denn Italien hatte ja das Halbfinale gegen Argentinien verloren. Das Stadion war also fest in unserer Hand, denn es gab nur wenige Fans der Albiceleste, die die weite Reise aus Argentinien auf sich genommen hatten.

Nach dem Schlusspfiff ging der Partymarathon los.

Zunächst gratulierte uns der damalige Bundeskanzler Helmut Kohl und trank in der Kabine des Olympiastadions noch ein Bierchen mit uns. Er ordnete auch sofort an, am nächsten Morgen eine Luftwaffensondermaschine für das Team nach Rom zu schicken, um uns nach Frankfurt zu fliegen.

Nach der Siegerehrung im Stadion und unseren Ehrenrunden kamen wir erst sehr spät zurück ins Hotel, ich schätze mal nach Mitternacht. An diesem Abend hielt ich den Pokal in den Armen und passte die ganze restliche Nacht persönlich darauf auf. Mein Elfmeter hatte das möglich gemacht und so hatte niemand etwas dagegen. Die anderen wussten alle, was das für mich bedeutete.

Ich betone immer wieder, dass Fußball ein Mannschaftssport ist, aber das war doch ein ganz besonderer Moment. Mein Schuss und die Mannschaft war Weltmeister. Und damit auch das gesamte Team. Das ganze Land!

Im Hotel bat uns Franz erst einmal in den Besprechungsraum. Dort sagte er uns, dass er als Teamchef aufhöre. Er hatte seine Mission sozusagen erfüllt. Wir waren Weltmeister. Und dann bot er uns allen das Du an.

Das war dann nach dem Empfang der WM-Goldmedaille der zweite Ritterschlag der Nacht. Ich tat mich damit allerdings sehr schwer. Denn der Franz war eben der Franz, einer der Größten des Weltfußballs, zu dem ich immer aufgeschaut hatte. Damals dachte ich: »Das geht nicht. Wenn ich den Trainer künftig duze, kriege ich Schweißausbrüche.«

Mit unseren Frauen und Partnern gab es dann ein gemeinsames Abendessen, zu dem auch die Sponsoren des DFB eingeladen waren. Wir schliefen eigentlich gar nicht in dieser Nacht, denn es ging am nächsten Morgen früh nach Frankfurt, wo wir mit einem Autokorso zum Römer fuhren und anschließend mit hunderttausenden Fans vom Rathausbalkon aus den dritten WM-Titel feierten. Das war ein unglaublicher Tag und wir spürten die echte Begeisterung der Menschen in Deutschland. Die Mauer war im November 1989 gefallen und unser WM-Gewinn war der erste große gesamtdeutsche Titel, auch wenn die Spieler aus der ehemaligen DDR noch nicht in Italien dabei sein durften.

Franz betonte auch noch einmal, dass unser WM-Titel von 1990 die verdienteste Weltmeisterschaft war, die je eine deutsche Mannschaft gewonnen hatte. Ich muss immer wieder sagen: Er hat recht.

Und ich gebe zu, es ist immer noch schön zu sehen, wie ich den Elfmeter zum 1:0 verwandelte.

Dass die Menschen heute noch schätzen, was wir damals erreichten, ist toll. Ich werde tagtäglich auf den Elfmeter angesprochen. Und ich rede immer noch sehr gerne darüber. Darüber, wo der Elfmeter einschlug – unten links. Der Schuss meines Lebens. So kann man es sicher sagen. Ich habe bestimmt nicht seltener als Helmut Rahn, der 1954 das goldene 3:2 erzielte, davon erzählen müssen und tue es immer noch gerne. Und jedes Mal dauerte es länger, bis ich endlich anlaufen durfte nach dem Pfiff. Anfangs waren es noch drei, vier Minuten, die ich gewartet habe. 2005 hat es im Interview mit der BZ schon sieben, acht Minuten gedauert.

Das Warten war für mich eben das Schlimmste.

In Wahrheit waren es nur 1:57 Minuten, bis sich die argentinischen Proteste aufgelöst hatten. Vergeht die Zeit nicht immer viel langsamer, wenn man auf die Erlösung wartet?

Eine kuriose Geschichte gibt es noch zu dem Pokal. Ich bewachte ihn auch noch auf unserem Rückweg nach Deutschland wie einen Schatz, erst im Mannschaftsbus und dann auch auf dem Flug in der Bundeswehrmaschine nach Frankfurt, auf dem dann doch die meisten von uns ein kleines Nickerchen machten. Allerdings sprach mich ein mutiger Gefreiter der Bordbesatzung an, ob er einmal den Pokal anfassen dürfe. Das ist eigentlich für Nicht-Weltmeister tabu, aber ich habe ihm für ein schnelles Foto den Pokal in die Hand gedrückt.

Die Bundeswehr hat dreißig Jahre später diesen ehemaligen Gefreiten ausfindig gemacht und wir haben das Foto dann noch einmal in einer Maschine der Flugbereitschaft nachgestellt. Das war eine tolle Idee und wir haben uns über unser Wiedersehen gefreut.

Inter Mailand

Das erste Angebot für einen Wechsel nach Italien bekam ich von Sampdoria Genua über den Berater von Hans-Peter Briegel, der ja bereits in der Serie A spielte. Sampdoria war damals ein sehr erfolgreicher Verein und hatte unter anderem Roberto Mancini und Gianluca Vialli in seinen Reihen.

Eigentlich war der Transfer fast schon perfekt. Doch bei diesen Verhandlungen kam dann das Interesse von Inter Mailand dazwischen und das war natürlich eine einmalige Chance, die ich mir nicht entgehen lassen wollte. Und so wechselte ich 1988 nicht zu Sampdoria, sondern zu Inter Mailand. Den Kontakt zu Inter hatte Lothar vermittelt, der ebenfalls seit 1988 dort spielte, und es passte einfach alles sofort.

Giovanni Trapattoni war zu diesem Zeitpunkt Trainer bei Inter Mailand. Bis dahin kannte ich ihn nur als Trainer von Juventus Turin. Er war ein sehr erfolgreicher Trainer.

So wie vorher bei den Bayern unter Udo Lattek und Jupp Heynckes, bei denen ich bereits vieles gelernt hatte, lernte ich auch in Italien noch einmal sehr viel Neues. In Italien kam noch ein ganz anderes Arbeitsklima dazu, das uns zu einem sehr erfolgreichen Spiel brachte.

Das Training in Italien und auch die äußeren Trainingsbedingungen, wie etwa unser Trainingsgelände, konnte man mit denen in der Bundesliga nicht vergleichen. Die deutschen Trainer gingen beispielsweise mit uns Spielern zwei Stunden in den Wald zum Laufen, das machten die Italiener nicht. Das Training der Italiener war sehr viel spezifischer.

Die Wege im Abwehrverhalten wurden zum Beispiel nicht abgelaufen, die wurden von Trapattoni mit den Spielern am Anfang Schritt für Schritt abgegangen. Es wurde genau besprochen, wie wir uns auf dem Platz orientieren mussten, wer wo genau positioniert war. So formte er aus mir, Giuseppe Bergomi, Riccardo Ferri und Andrea Mandorlini im Training eine Abwehrkette, die nur schwer zu überwinden war. In dieser Formation spielten wir einige Jahre und wechselten kaum. Dazu hatten wir mit Walter Zenga einen der besten Torhüter der ganzen Welt. Diese Abwehr gab der Inter-Mannschaft eine große Stabilität und war die Basis für unseren Erfolg.

Das Training war allerdings nicht nur detailgenauer, es war auch sehr viel zeitintensiver. So trainierten wir in Italien in zweieinhalb Stunden das, was in der Bundesliga in eineinhalb Stunden gemacht wurde.

In Appiano Gentile, unserem Trainingsgelände nördlich von Mailand, verbrachten wir auch den ganzen Tag auf dem Trainingsgelände. In Deutschland ging es zu dieser Zeit nach dem Training sofort wieder nach Hause. Bei Inter hatte jeder Spieler sogar schon sein eigenes Zimmer auf dem Gelände.

Wenn wir zweimal am Tag trainierten, dann blieben wir dort. Wir aßen auch dort und hatten die Wahl zwischen Filet, Pasta, Fisch, Gemüse und vielem anderen.

Heute ist das bei fast allen Vereinen ähnlich, aber damals gab es so etwas in Deutschland noch nicht. In

Italien war man uns in diesem Punkt weit voraus. In der Serie A war eben das meiste Geld. Und wo das meiste Geld ist, da gibt es die besten Möglichkeiten und wo beste Bedingungen existieren, dorthin zieht es die großen Stars.

In der Mannschaft wurde nur Italienisch gesprochen. Das bedeutete, Lothar und ich mussten ruckzuck Italienisch lernen. Aber wir wollten das natürlich auch, um uns schnell im Team und in unserem Umfeld einzuleben.

Zu dieser Zeit gab es in Italien die Regel, dass ein Verein nur drei ausländische Spieler im Kader haben durfte. Am Anfang waren das Lothar und ich und der argentinische Stürmer Ramon Diaz. Wir beiden Deutschen waren am Anfang schon froh, dass wir uns hatten und wohnten auch im selben Ort. Als Klinsmann für Ramon Diaz 1989 zu Inter kam, waren wir das deutsche Trio.

Inter hatte schon gute Erfahrungen mit deutschen Spielern gemacht. Horst Szymanik, Hansi Müller und Karl-Heinz Rummenigge waren unsere Vorgänger. Später folgten uns dann Matthias Sammer, Lukas Podolski und Robin Goosens.

Die Inter-Fans schlossen ihre »Tedeschi« sofort ins Herz und wir waren die deutsche Fraktion, während unser großer Stadtrivale AC Milan ja von den Holländern Guullit, van Basten und Rijkaard geprägt wurde.

Die Fans in Italien waren ohnehin ganz anders als in Deutschland. So etwas wie in den Jahren in Italien hatte ich vorher nie erlebt. Die waren einfach nur positiv und vollkommen enthusiastisch.

Auch die Atmosphäre in den Stadien war Weltklasse. Da waren die Superstars auf dem Feld und die Stadien automatisch immer voll. In Mailand waren das 86.000 Zuschauer! Was damals in Italien los war, lässt sich gut mit der aktuellen Situation in der Premier League vergleichen.

Das war aber auch die beste Zeit in der italienischen Liga. Die Stadien waren für die WM 1990 frisch renoviert worden und immer rappelvoll mit bester Stimmung. Damals spielte Bayern München oft nur in einem halbvollen Olympiastadion, eine Situation, die man sich heute kaum mehr vorstellen kann.

Die Zuschauer im Mailänder Stadion San Siro, das Inter sich als Heimstadion mit dem AC teilte, waren echt vogelwild, aber im positiven Sinn. Die waren schon zwei Stunden vor Anpfiff im Stadion und feierten sich und unser Team. Unter den Zuschauern waren viele Frauen, Kinder und auch ältere, die Maradona, Gullit, Gascoigne und Co. anfeuerten. Es gab auch kaum Randale zwischen den Fans der verschiedenen Vereine. Wenn wir in Mailand das Derby della Madonnina zwischen Inter und AC Milan hatten, fuhren die Fans zum Beispiel zusammen im Bus ins Stadion.

Fußballverrückt sind die Italiener immer noch. Aber ganz so wie damals sicher nur noch bei einigen Vereinen wie Inter, AC Mailand, Napoli oder Juventus Turin. Trotzdem halte ich nach wie vor sehr viel von der Serie A und sie ist sportlich sicherlich mit La Liga und der Bundesliga hinter der Premier League gleichauf.

Die erste Saison, die ich bei Inter spielte, wurde gleich eine Saison der Rekorde. Wenn ich mich recht erinnere, verloren wir in der ganzen Saison nur zwei Spiele. Wir hatten nicht nur eine weltklasse Mannschaft, sondern auch einen besonderen Trainer und das in einem weltweit bekannten Verein. Das alles gehört zusammen. Wer Fußball spielt, kann das gut verstehen.

Wir erreichten damals mit Inter fast alles, was möglich war. Nicht nur in meiner ersten Saison die erste Meisterschaft nach dreizehn Jahren zu Hause in San Siro gegen Maradonas Neapel, auch den UEFA-Pokal zwei Jahre später in Rom zu gewinnen, war eine Riesensache. Der wurde ja noch in zwei Spielen ausgespielt mit Hin- und Rückspiel.

Wir gewannen das Hinspiel 2:0 und beim Rückspiel in Rom verloren wir knapp 0:1. Wir wurden verdient UEFA-Pokal-Sieger und ich musste meinen Freund Rudi Völler, der beim AS Rom spielte, trösten.

Wir flogen noch am gleichen Abend zurück nach Mailand, wo uns einige tausend Fans mitten in der Nacht auf dem Flughafen Linate erwarteten. Der Präsident organisierte dann schnell eine Feier und so waren wir noch morgens um 4:00 Uhr in einem Mailänder Restaurant zum Essen und Feiern. Die Inter-Fans feierten in der Zwischenzeit am Dom und machten die Nacht zum Tag.

Ich wurde gleich in meinem ersten Jahr in Italien und bis heute als einziger Deutscher zum Fußballer des Jahres in Italien gewählt (Guerin d'Oro). Ich war nach Italien gekommen und sofort hatte alles zusammengepasst. Es fühlte sich an, als ob ich schon immer dort gespielt hätte. Als Abwehrspieler zum Spieler des Jahres der Serie A gewählt zu werden, war eine tolle Auszeichnung und Bestätigung für meinen Wechsel nach Italien.

Die Italiener waren und sind ja bekannt für ihre hohe Qualität im Abwehrverhalten, in ihrem Abwehrspiel. Aber ich setzte dazu immer auch viele Akzente im Spiel nach vorn und erzielte insgesamt ein Dutzend Tore für Inter.

In meiner zweiten Saison in Mailand ersetzte Jürgen Klinsmann Ramon Diaz als Stürmer. Nun waren wir also drei Deutsche im Team und obwohl Jürgen gleich fünfzehn Saisontore erzielte und wir eine sehr gute Saison gespielt hatten, wurden wir am Ende nur Dritter hinter dem Meister Neapel mit Diego Maradona und dem zweitplatzierten AC Milan. Die Saison wurde wegen der WM in Italien bereits am 29. April beendet.

In der dritten Saison folgte der Gewinn des UEFA Cup gegen den AS Rom, ehe Giovanni Trapattoni als Trainer zu Juventus zurückkehrte.

Dann kam Corrado Orrico als neuer Coach in meinem letzten Jahr in Italien. Schon bei der Vorstellung sagte er uns, dass wir nicht mehr wie ein Mercedes laufen sollten, sondern wie ein Ferrari. Ich hatte in meiner Karriere viele Weltklassetrainer, aber vorsichtig formuliert muss ich leider sagen, dass Orrico nicht dazugehörte.

Zudem wohnte er noch bei mir im Dorf und ich musste ihn dann auch noch in meinem Lieblingsrestaurant an den freien Tagen treffen.

Nach vier Monaten war der Spuk vorbei, aber selbst die spanische Legende Luis Suárez konnte nicht mehr viel retten und wir beendeten die Saison mit einem enttäuschenden achten Platz in der Liga.

Trotzdem waren diese vier Jahre in Italien vermutlich die vier schönsten Jahre in meiner aktiven Karriere, nicht zuletzt auch wegen der in Italien stattfindenden Weltmeisterschaft 1990. Ich habe immer noch engen Kontakt zum Verein Inter Mailand und besuche die Spiele im San Siro regelmäßig. Zu meinen damaligen Mannschaftskollegen habe ich auch heute noch ein enges Verhältnis und unser Präsident Ernesto Pellegrini lädt die Meistermannschaft von 1989 jedes Jahr zu einer gemeinsamen Feier ein, wo wir ein großes Wiedersehen veranstalten. Und ich verpasse kaum ein Spiel von Inter im Fernsehen, egal wo ich gerade auf der Welt bin!

Euro 1992 in Schweden und WM 1994 in den USA

Die Europameisterschaft 1992 in Schweden lief für mich und die deutsche Nationalmannschaft irgendwie unglücklich. Im vorletzten Saisonspiel in Parma erlitt Lothar Matthäus einen Kreuzbandriss, sodass wir ohne unseren Kapitän anreisen mussten. Im ersten Spiel gegen die GUS brach sich Ersatzkapitän Rudi Völler auch noch den Arm – zwei entscheidende Säulen unserer Weltmeistermannschaft fehlten uns also. Das konnten auch die Neuzugänge Stefan Effenberg, Matthias Sammer oder Thomas Helmer nicht kompensieren. Ich war inzwischen Kapitän der Mannschaft geworden und nach einer durchwachsenen Vorrunde spielten wir zumindest ein ordentliches Halbfinale gegen Gastgeber Schweden und gewannen 3:2.

Das Turnier in Schweden wirkt im Vergleich zu den heutigen Veranstaltungen fast nostalgisch. Mit insgesamt nur acht Teilnehmern und einer Vorrunde mit zwei Vierergruppen ging es direkt innerhalb von sechzehn Tagen ins Halbfinale und Finale. Wir haben dieses übersichtliche Turnier mit nur vier Stadien und der tollen Gastfreundschaft der Schweden sehr genossen, aber es fiel uns auch ein wenig schwer, uns in den teilweise kleinen Arenen mit unter 20.000 Zuschauern richtig zu motivieren.

Diese Probleme hatte unser Finalgegner Dänemark nicht, der für die wegen des Bürgerkriegs auf dem Balkan gesperrten Jugoslawen in das Turnier aufgerückt war.

Die Dänen machten ein sehr gutes Spiel gegen uns, während wir unter unseren Möglichkeiten blieben. Und auch ich lieferte kein gutes Spiel in diesem Finale ab.

Am Ende kehrten wir als Vizeeuropameister nach Hause zurück, aber die Stimmung in Deutschland war angesichts unserer sehr guten Mannschaft und der Tatsache, dass wir als Weltmeister nach Schweden gefahren waren, eher gedämpft.

Wir Spieler haben das immer ein wenig anders gesehen, schließlich hatten die Dänen auch eine gute Mannschaft mit Spielern, die zum Teil in den großen Ligen Europas spielten. Viele vergessen, dass in einem Finale zwischen Spitzenmannschaften in Europa am Ende auch immer die Tagesform entscheidet und die fehlte uns im Finale in Stockholm.

Nach der Europameisterschaft hatte ich beschlossen, aus der Nationalmannschaft zurückzutreten, um für jüngere Platz zu machen. Aber ich hatte mit Berti Vogts vereinbart, dass ich jederzeit einspringen würde, wenn Not am Mann war.

Ich habe ja bereits beschrieben, dass ich über die beiden Testspiele gegen Brasilien und Italien wieder zurück in die Mannschaft berufen wurde und so war die WM 1994 in den USA die dritte Weltmeisterschaft für mich.

Von den Spielern aus der ehemaligen DDR waren jetzt Matthias Sammer und Ulf Kirsten dabei, zudem noch Neuzugänge wie Stefan Effenberg, Mario Basler und ein junger Oliver Kahn als Ersatztorwart.

In den neunziger Jahren war Fußball in den USA noch eine komplette Randsportart und die WM fand deshalb in Baseball-Stadien statt. Daher war es überraschend, dass durchschnittlich 68.000 Fans pro Spiel in die Stadien strömten und das Turnier ein voller Erfolg wurde. Für uns und mich insbesondere war das Ganze leider nicht so erfolgreich und am Ende eine Enttäuschung.

Als Weltmeister von 1990 mussten wir damals keine Qualifikation zum nächsten Turnier spielen, das ist heute ja anders. Wir hatten somit nur zwei Jahre Freundschaftsspiele zur Vorbereitung. England und Frankreich hatten beide sogar die Qualifikation für die Endrunde verpasst. Deshalb galten wir auf dem Papier als einer der Topfavoriten auf den Titel.

Die Gruppenphase beendeten wir zwar nach Siegen gegen Bolivien und Südkorea und einem Unentschieden gegen Spanien als Gruppenerster, aber es gab Spannungen innerhalb unseres Teams und Grüppchenbildungen. Dazu kam die Entgleisung von Stefan Effenberg und seine vorzeitige Heimreise nach dem letzten Gruppenspiel. Wieder einmal zeigte sich, dass noch so viele gute Einzelspieler nichts nützen, wenn man bei einem so großen Turnier wie der Weltmeisterschaft nicht ein eingeschworener Haufen ist und zusammen durch dick und dünn geht.

Gegen Belgien im Achtelfinale lieferten wir noch ein ordentliches Spiel ab, Rudi Völler schoss dabei zwei Tore und Jürgen Klinsmann schoss seinen fünften Treffer in diesem Turnier. Aber im Viertelfinale schieden wir durch ein 1:2 gegen Bulgarien leider unglücklich aus.

Natürlich war danach die Enttäuschung riesengroß, sowohl bei uns Spielern als auch in der gesamten deutschen Öffentlichkeit. Aber während wir als aktive Spieler immer auch wissen, dass fast alle Mannschaften bei einer Weltmeisterschaft gut besetzt sind und ihr Bestes versuchen und somit Niederlagen im Sport dazugehören, stellen die Medien in Deutschland regelmäßig den Anspruch, dass Deutschland jedes Mal zumindest ins Finale gehört.

Gegen den Bundestrainer Berti Vogts wurde aus allen Rohren geschossen. Berti war selbst als Spieler Welt- und Europameister und hatte einen großen Anteil an unserem WM-Sieg in Italien als Co-Trainer. Sein Meisterstück als Trainer kam dann mit dem Europameistertitel 1996 in England und seine Kritiker verstummten.

Das passierte aber dann ohne mich, denn ich hatte nach sechsundachtzig Länderspielen gleich nach der Rückkehr aus den USA meine Nationalmannschaftskarriere endgültig beendet.

FC Barcelona und
Real Saragossa

Bereits im Sommer 1991 erhielt ich einen Anruf von Johan Cruyff, der damals Trainer vom FC Barcelona war und dem Club komplett neue Strukturen gab, von denen er noch heute profitiert. Es war eine riesige Ehre für mich, dass der große FC Barcelona und sein Weltklassetrainer Cruyff Interesse an mir hatten. Am Telefon erzählte ich Johan noch von unserer gemeinsamen Anekdote aus Hamburg vor dem WM-Finale 1974 und wir mussten beide herzlich lachen. So klein ist die Fußballwelt!

Ich erzählte meinem Präsidenten Ernesto Pellegrini sofort von dieser Anfrage, und zunächst wurden auch Verhandlungen aufgenommen, sodass kurz darauf eine Delegation des FC Barcelona mit Johan Cruyff in Mailand erschien und den Transfer abschließen wollte. Aber auf einmal hieß es von Inter: »Der Andy Brehme ist unverkäuflich!«

Das musste Barcelona akzeptieren und man fuhr wieder nach Hause.

Ein Jahr später versuchte es Johan Cruyff erneut bei mir und diesmal konnte ich Inter auch verlassen. Schnell wurde ich mit den Katalanen über einen Dreijahresvertrag einig. Allerdings hatte der FC Barcelona Schwierigkeiten, einen der drei Ausländerplätze für mich zu räumen, sodass mein langjähriger Freund Arturo Beltrán, der der Präsident von Real Saragossa war, davon Wind bekam und mich noch am Telefon verpflichtete.

So kam ich in »La Liga« und in die tolle Stadt Saragossa, die ich durch meine Frau bereits kannte und in der ich mich sofort wohlfühlte. Real Saragossa war damals einer der Spitzenvereine in der spanischen Liga. Der Club hatte unter anderem Spieler wie Cafu, Pablo Aimar, Chilavert, Frank Rijkaard oder auch David Villa in den letzten Jahren unter Vertrag.

Den Fußball in La Liga konnte man mit dem in der Serie A auf eine Stufe stellen. Das war taktisch und spielerisch sehr guter Fußball und nicht nur der FC Barcelona und Real Madrid, sondern auch viele andere Vereine weiter unten in der Tabelle waren international erfolgreiche Clubs.

Der Coach, der damals ebenfalls neu zu Saragossa kam, war Victor Fernandez. Der war sogar noch jünger als ich und blieb für eine lange Zeit im Verein.

Wir kamen auf Anhieb ins Pokalfinale und verloren leider unglücklich 1:0 gegen Real Madrid. In der Liga wurden wir schließlich Sechster.

Die Fans in Spanien waren ebenso großartig wie die in Italien. In Saragossa war natürlich nicht so viel los wie in Mailand. Ins Stadion passten 30.000 Leute, es war alles etwas kleiner und betulicher. Aber die Spiele waren eigentlich immer ausverkauft und die Stimmung bei den Spielen war immer sehr gut. Und egal, wo wir auswärts spielten, ob in Valencia, Bilbao, Villareal, Barcelona oder in Madrid, viele unserer Fans kamen mit und unterstützten uns.

Nach einem Jahr eröffnete mir der Präsident, mein Freund Arturo Beltrán, dass er das Präsidentenamt an seinen Bruder abgeben würde. Das war auch für mich das Zeichen, nach einem schönen Jahr in Spanien in die Heimat zurückzukehren.

Zurück auf den Betze
in die Bundesliga

Ich hatte schon daran gedacht, meine Karriere langsam ausklingen zu lassen, da rief mich der Sportdirektor des 1. FC Kaiserslautern, Reiner Geye, an, der Wind davon bekommen hatte, dass ich Real Saragossa ablösefrei verlassen konnte. Ich sollte noch einmal nach Kaiserslautern zurückkommen, um dem Verein zu helfen. Ich war sofort bereit, für ein Jahr zu unterschreiben, aber der Club wollte mich für zwei Jahre haben. Am Ende wurden es fünf Jahre, in denen ich auf dem Betzenberg noch einmal alles erleben durfte.

Und es war eine wirklich schöne Heimkehr. Ich wurde sehr freundlich empfangen, so wie man einen verlorenen Sohn empfängt. Mit Friedel Rausch als Trainer wurden wir in der Saison 1993/94 mit nur einem Punkt Rückstand auf den FC Bayern Vizemeister. Wir hatten eine tolle Mannschaft mit Spielern wie Gerry Ehrmann, Miroslav Kadlec, Ciriaco Sforza, Stefan Kuntz und Pavel Kuka, um nur einige meiner damaligen Mannschaftskollegen zu nennen.

Auch in der folgenden Saison spielten wir oben mit und beendeten die Spielzeit auf dem vierten Tabellenplatz.

In der Saison 1995/96 nahm das Unglück seinen Lauf. Mit Ciriaco Sforza und Stefan Kuntz hatten uns zwei Säulen der Mannschaft mit viel Erfahrung verlassen.

Aber entscheidend für den Abstieg war für mich der schlechte Rasen in unserem Stadion auf dem Betzenberg. Am Saisonende hatten wir nicht mehr Niederlagen als der Vizemeister FC Bayern, aber wir konnten nur sechs Spiele gewinnen und spielten achtzehnmal unentschieden. Der Horrorzustand des Rasens in unserem Stadion machte es den Gegnern einfach. Wir waren es gewohnt, angetrieben von den fantastischen Fans im Betze, das Spiel zu machen und unsere Gegner an die Wand zu spielen. Nun mussten wir uns den Ball zulupfen und kassierten reihenweise unglückliche Treffer in den letzten Minuten, anstatt wie üblich die Spiele am Ende für uns zu entscheiden.

Reiner Geye verstand lange Zeit den Ernst der Lage nicht und auch die Leute auf der Straße in Kaiserslautern sagten immer wieder: »Andy, wir packen das noch!«

Aber unsere Mannschaft, die zuvor immer europäisch gespielt hatte, war unerfahren im Abstiegskampf und wir kamen einfach nicht aus dem Tabellenkeller heraus.

Im Winter kam dann mit einer Rekordablöse der Brasilianer Arilson zu uns und ich weiß noch heute, wie er das erste Mal in seinem Leben richtigen Schnee gesehen hat und nicht wusste, was los war.

Im März wurde Friedel Rausch entlassen und ich erinnere mich an einen tränenreichen Abend zu Hause bei Fritz Walter, als wir die Gefahr eines Absturzes in die 2. Liga immer mehr realisierten.

Mit unserem neuen Trainer Eckhard Krautzun schafften wir zumindest eine Aufholjagd und hatten am letzten Spieltag in Leverkusen alles Weitere in unserer eigenen Hand. Mit einem Sieg hätten wir den Klassenerhalt geschafft und stattdessen die Leverkusener mit meinem Freund Rudi Völler in die 2. Liga geschickt. Das Stadion in Leverkusen war zudem fest in der Hand unserer Fans aus Kaiserslautern, die uns auch an diesem wichtigen Tag die Treue hielten und den Rücken stärkten.

An diesem 18. Mai 1996 spielten wir die Leverkusener für eine Stunde an die Wand, so als ob wir Deutscher Meister werden wollten. Aber dann haute uns Markus Münch kurz vor Schluss das 1:1 unter die Latte. Nun standen wir beiden Weltmeister, Rudi und ich, nach dem Spiel vor der Kamera. Der Finalsieg in Rom war inzwischen sechs Jahre her und weit weg. Ich war noch nie vorher in meinem Leben mit einem Verein abgestiegen und konnte kaum sprechen, so einen Kloß hatte ich im Hals.

Mir taten unsere Fans und die ganze Pfalz Leid und die Tränen schossen mir in die Augen, sodass ich mich an die Schulter meines Freundes Rudi anlehnen musste. Rudi versuchte mich zu trösten, aber mit fünfunddreißig Jahren musste ich den schwärzesten Moment meiner Karriere im Arm meines Freundes erleben.

Eigentlich hatte ich vor, nach der Saison meine Karriere zu beenden, aber mir war sofort klar, dass ich so nicht abtreten durfte und diese Schmach unbedingt auswetzen musste.

Kurioserweise wurden wir dann noch eine Woche später im Berliner Olympiastadion DFB-Pokalsieger. Dort schlugen wir den Karlsruher SC mit meinem Weltmeisterfreund »Icke« Häßler 1:0. Ich konnte also als Mannschaftskapitän den DFB-Pokal in den Berliner

Nachthimmel stemmen, obwohl ich kurz vor Schluss auch noch durch eine unberechtigte Gelb-Rote Karte vom Platz geflogen war. Was für ein verrücktes Ende einer verkorksten Saison!

Wir Spieler fühlten uns alle mitschuldig an diesem Abstieg. Deswegen hatte es der Verein auch leicht, alle Stammspieler zu halten und auch den Vertrag mit mir zu verlängern.

In der Vorbereitung kam dann unser neuer Trainer: Otto Rehhagel. Er legte gleich los und führte mit uns viele Einzelgespräche und machte uns klar, dass wir Respekt vor den anderen Teams in der 2. Liga haben mussten und wir um jeden einzelnen Punkt kämpfen mussten. Ich hatte zwanzig Jahre zuvor in der 2. Liga meine Profikarriere beim 1. FC Saarbrücken begonnen und musste nun als sechsunddreißigjähriger Weltmeister gegen Unterhaching, Gütersloh oder Meppen antreten.

In Meppen kassierten wir auch gleich unsere erste Saisonniederlage und wir kapierten schnell, was uns Otto Rehhagel prophezeit hatte – die Saison würde nicht leicht werden. Viele meiner Gegenspieler waren besonders motiviert, da es gegen den Ex-Weltmeister ging und ich hätte fünf Trikots nach jedem Spiel tauschen können.

Das letzte Spiel bestritten wir dann wieder gegen Meppen. Wir waren schon drei Spieltage vorher aufgestiegen und das Spiel endete mit 7:6! Ein Ergebnis wie im Tennis und wir hatten wirklich rumgegurkt, aber der 1. FC Kaiserslautern war wieder in der 1. Liga und wir hatten unser internes Versprechen, unseren Fans den direkten Wiederaufstieg zu liefern, gehalten.

Was dann folgte, war meine letzte Saison in meiner langen Karriere und ein grandioser Abschluss. Unsere Mannschaft war im Kern dieselbe, die am Ende doch souverän Zweitligameister geworden war. Und wir hatten natürlich unseren Trainer Otto Rehhagel, ohne den wir den sofortigen Wiederaufstieg nie geschafft hätten, denn er sorgte dafür, dass wir nicht den Boden unter den Füßen verloren.

Gleich das erste Spiel führte uns auswärts zu den Bayern und dort gewannen wir als Aufsteiger auch gleich 1:0. Dieser Start nach Maß verlieh uns zusätzlich Flügel und ab dem vierten Spieltag waren wir Tabellenführer und gaben diese Position auch nicht mehr her. Mit nur fünf Niederlagen wurden wir sensationell deutscher Meister und schrieben Bundesligageschichte.

Otto Rehhagel wollte mich ursprünglich überreden, noch eine weitere Saison zu verlängern, aber ich hatte bereits für mich entschieden, dass diese Spielzeit meine letzte sein würde. Ich hatte mich auch mit Otto geeinigt, entweder auf der Tribüne zu sitzen oder zu spielen. Ich war meine gesamte Karriere hindurch nie der Typ eines Einwechselspielers gewesen.

Am letzten Spieltag der Saison spielten wir dann in meiner alten Heimatstadt Hamburg im Volksparkstadion gegen den HSV. Ich durfte ein letztes Mal durchspielen, um dann vor 58.000 Zuschauern die Meisterschale in den Himmel zu heben. Was für ein schönes Ende meiner Karriere, das war fast hollywoodreif!

Ich habe meinen Vereinen, Trainern, Betreuern und Mitspielern viel zu verdanken und empfinde noch heute großen Dank und Zufriedenheit, dass ich das Privileg genießen durfte, mein Hobby zum Beruf machen zu können und so viel dabei zu erleben. Mit allen Vereinen bin ich im Guten auseinandergegangen und pflege noch heute Kontakt zu den Verantwortlichen. Ich verfolge auch heute noch die Spiele dieser Vereine und fiebere mit. Schwierig wird es nur, wenn ich bei Tippspielen Begegnungen tippen muss, bei denen zwei meiner Ex-Teams aufeinandertreffen. Dann tippe ich immer auf ein Unentschieden, denn mein Herz ist zerrissen.

Die Entwicklung des Außenverteidigers

Die rasante Entwicklung des Fußballs hat mich schon immer interessiert, nicht nur als aktiver Spieler, sondern natürlich auch als Trainer.

Der Fußball von heute hat nur noch wenig mit dem Spiel von vor dreißig Jahren zu tun, sowohl aus taktischer Sicht als auch was die Qualität und Eigenschaften der heutigen Spieler betrifft. Somit haben sich die Anforderungen auf den einzelnen Spielpositionen und das Verständnis dafür, wie diese Anforderungen ausgefüllt werden müssen, im Laufe der Zeit stark verändert. Das gilt besonders für »meine« Position des Außenverteidigers, auf der es heute zahlreiche Spieler gibt, die sehr offensiv ausgerichtet und in einigen Fällen noch nicht einmal gelernte Verteidiger sind.

Als Spieler weiß man natürlich selbst, in welchen Bereichen man sich von seinen Konkurrenten auf seiner eigenen Position unterscheidet. Dazu kommen die unterschiedlichen taktischen Anweisungen des Trainers und am Ende natürlich der Einfluss des Gegners auf das eigene Spiel.

Ich glaube, dass ich zusammen mit Paul Breitner und Hans-Peter Briegel, die beide auch oft im Mittelfeld eingesetzt wurden, einer der ersten modernen deutschen Linksverteidiger war.

Was man im modernen Fußball mit linkem und rechtem Außenverteidiger assoziiert, verkörperten Paul, Hans-Peter und ich schon in den achtziger Jahren. Wir hatten die Fähigkeiten, bis zur Grundlinie zu dribbeln oder von einer tiefen Position aus eine Flanke oder einen Pass in den Strafraum zu schlagen. Dazu konnten wir wie ein Mittelfeldspieler mit dem Ball umgehen.

Sowohl Paul als auch ich waren beidfüßig. So konnten wir nahtlos die Positionen wechseln. Ich habe viele Spiele als rechter Verteidiger, im rechten Mittelfeld und im defensiven Mittelfeld gespielt. Paul hat auch oft im Mittelfeld gespielt. Diese Vielfältigkeit gehört heute fast selbstverständlich zu den Grundvoraussetzungen eines modernen Außenverteidigers, war aber zu meiner aktiven Zeit eher selten.

Hans-Peter Briegel war genauso anpassungsfähig wie Paul und ich. Er war allerdings technisch und körperlich so begabt, dass er auf jeder Position spielen konnte. Er war als Jugendlicher ein erfolgreicher Leichtathlet gewesen und begann seine Fußballkarriere als Stürmer, spielte dann oft als linker Verteidiger, zentraler oder als defensiver Mittelfeldspieler.

Von meinen Trainern wurde ich oft als »Joker« eingesetzt, ähnlich wie Philipp Lahm später beim FC Bayern oder in der Nationalmannschaft. Das Einrücken als Außenverteidiger, wenn die eigene Mannschaft in Ballbesitz ist, damit die eigentlichen Mittelfeldspieler nach vorne gehen können, gehört inzwischen zum Standardrepertoire der heutigen Spitzenteams. Auch hier hat mir meine Beidfüßigkeit und damit die Unberechenbarkeit, mit welchem Fuß ich dribbeln oder passen kann, sehr geholfen. Mit zunehmender Erfahrung habe ich dann auch gelernt, den Spielverlauf zu verstehen und zu wissen, wann ich meine Pässe beschleunigen oder verlangsamen muss. Dieses Spielverständnis ist für einen Defensivspieler entscheidend und in meiner Zeit in Italien habe ich mich in diesem Bereich noch einmal weiterentwickelt.

Es ist schön zu sehen, wie wichtig die Außenverteidiger im modernen Fußball geworden sind und im Offensivverhalten die Positionen von Flügelspielern einnehmen. Hier sehe ich, wie bereits gesagt, Parallelen zur Spielweise von Paul Breitner, Hans-Peter Briegel und mir.

Trent Alexander-Arnold als rechter Außenverteidiger beim FC Liverpool ist ein aktuelles Paradebeispiel. In

Jürgen Klopps System ist er ein wichtiger Baustein auf der rechten Seite. Ich hatte in meiner Spielerkarriere offensive Freiheiten, aber ich hatte nie die Verantwortung, der wichtigste Spielmacher zu sein. Man muss schon ein besonderer Typ wie Trent Alexander-Arnold sein, um in einem Team wie dem FC Liverpool eine solche Position innezuhaben. Das zeigt nicht nur, wie sehr sich das Spiel in den letzten Jahren verändert hat, sondern auch die Qualität der heutigen Fußballer.

Das nachfolgende Bild zeigt die typische 2-3-5-Angriffsformation vieler Spitzenmannschaften, in diesem Fall den FC Liverpool in der Saison 2021/22. Das Ziel dieser Struktur ist es, Breite zu schaffen und dennoch einen Überschuss an Spielern in den unterschiedlichen Zonen des Spielfeldes zu generieren. Das wird hauptsächlich durch die Rotation von Flügelspielern, Verteidigern und Mittelfeldspielern erreicht. Trent

Alexander-Arnold wird zum Beispiel nicht immer auf dem rechten Flügel eingesetzt. Um mehr Platz zu bekommen, kann er in den rechten Halbraum einrücken, während Henderson dann auf den rechten Flügel wechselt. Auf diese Weise kann Trent Alexander-Arnold neue Lösungen für gefährliche Flanken schaffen. Die gegnerischen Verteidiger sind verwirrt, wen sie markieren sollen – ein zusätzlicher Vorteil dieser Spielidee.

Aber nicht alle Außenverteidiger spielen auf diese Weise in einem 2-3-5-System.

Bei Bayern München unter Pep Guardiola von 2013–2016 mussten die linken und rechten Verteidiger die

Mittelfeldpositionen besetzen, während die Mittelfeldspieler in die linken und rechten Halbräume aufrückten. Das ist der typische eingerückte Außenverteidiger, ein Spieler, der so gut mit dem Ball umgehen kann, dass er auch als Mittelfeldspieler spielen kann.

Natürlich möchte ein Trainer die besten Offensivspieler so weit wie möglich nach vorne bringen. Deshalb opferte Guardiola die Offensivkraft von Philipp Lahm und David Alaba, damit Thomas Müller und Thiago Alcântara weiter vorne in den Halbräumen spielen konnten. David Alaba hatte dabei noch mehr Freiheiten, um den Angriff zu unterstützen, während Lahm meist im Mittelfeld blieb, wenn die Bayern in Ballbesitz waren. Das half den Bayern oft, die linke Seite des Spielfelds zu überladen, bevor der Ball zum freien rechten Flügelspieler Arjen Robben gespielt wurde. So gab es oft Spielsituationen wie diese:

Und hier kam die wichtige Rolle von David Alaba ins Spiel. Als beidfüßiger Spieler hatte er auf der linken Verteidigerposition die Sicherheit am Ball, das Spiel von links nach rechts zu verlagern, damit Arjen Robben die gegnerischen Verteidiger aus einer isolierten Position heraus anlaufen konnte. Durch die Überlastung auf der linken Seite hatte Robben dann oft nur einen Verteidiger zu überwinden. So konnten die Bayern schnell in den gegnerischen Strafraum eindringen, bevor Robben entweder den Ball zu einem Mitspieler gespielt oder selbst ein Tor erzielt hat. Der Erfolg dieser Struktur hängt dabei stark von der Qualität des linken Außenverteidigers ab, der nicht unbedingt selbst ein Tor schießen, der aber gut mit dem Ball umgehen und lange Pässe schlagen muss.

Diese Beispiele zeigen, warum die traditionellen Positionen im modernen Fußball immer weniger wichtig sind. Alaba und Arnold-Alexander verfügen beide über unglaubliche technische Qualitäten und sind taktisch sehr gut ausgebildet. In den achtziger und neunziger Jahren bestand die Aufgabe eines linken oder rechten Verteidigers darin, zu verteidigen. Durch die physische und taktische Ausbildung der Spieler können wir heute einen ganz anderen Fußball genießen. Aber so ganz ungeschickt und schwerfällig waren wir mit dem Ball damals auch nicht …

Sonderlehrgang in Hennef und Zeit als Trainer

Am 3. Januar 2000 startete in der Sportschule Hennef der DFB-Trainerlehrgang für verdiente Nationalspieler unter der Leitung von DFB-Chefausbilder Gero Bisanz. Wir waren eine illustre Gruppe mit Leuten wie Matthias Sammer, Diego Buchwald, Jürgen Klinsmann, Jürgen Kohler, Pierre Littbarski, Stefan Kuntz, Manni Kaltz, Andreas Köpke und einem gewissen Joachim Löw.

Es gab später viel Kritik, dass uns Alt-Stars hier der Trainerschein auf einfache Art aus Dankbarkeit »geschenkt« wurde, aber in den sechs Monaten dieser Ausbildung wurden wir nicht geschont, sondern mussten in den Kursen bis abends um 21:00 Uhr büffeln. Und wenn man sich die späteren Trainerkarrieren der Teilnehmer anschaut, kann die Ausbildung auch nicht ganz so schlecht gewesen sein.

Wir mussten auch zweimal bei Profivereinen hospitieren.

Mein erstes Praktikum führte mich zum FC Bayern und Ottmar Hitzfeld. Ich hatte ja bereits unter vielen fantastischen Trainern trainieren dürfen, aber Ottmar über die Schulter schauen zu dürfen, war ein lehrreiches Erlebnis. Ich halte ihn für einen der ganz großen Trainer unserer Zeit, der ein fantastisches Gespür für Mannschaften und das Befinden seiner Spieler hat.

Meine zweite Station führte mich zu Inter Mailand, wo Marcello Lippi eine Star-Truppe um Ronaldo, Clarence Seedorf, Roberto Baggio, Javier Zanetti und Laurent Blanc trainierte. Wie bei den Bayern wurde ich auch bei Inter herzlich aufgenommen und konnte viel lernen. Es zeichnet die großen Clubs einfach aus, für verdiente Ex-Spieler immer die Tür offenzuhalten und den Kontakt zu pflegen.

Im Sommer 2000 hatte ich dann meine A-Trainerlizenz in der Tasche und einige Wochen später rief mich Atze Friedrich an, der noch immer die Geschäfte beim FC Kaiserslautern führte. »Willst du Trainer in Lautern werden?«, fragte er mich am Telefon und wir wurden uns schnell einig.

Es tat mir allerdings sehr Leid für meinen alten Coach Otto Rehhagel, dessen direkter Nachfolger ich wurde. Der Club stand aber nach fünf Spieltagen auf dem vorletzten Tabellenplatz und wir alle kannten die manchmal sehr harten Gesetze der Branche.

Am Ende der Saison wurden wir noch Achter und erreichten im UEFA Cup sogar das Halbfinale. Und in der Folgesaison egalisierten wir sogar den Bundesliga-Startrekord der Bayern mit sieben Siegen nach den ersten sieben Spieltagen.

Die Spieler, die mit mir noch in einer Mannschaft gespielt hatten, durften mich duzen, für den Rest war ich dann Herr Brehme.

Aus der Amateurmannschaft holte ich dann noch einen jungen Stürmer, der mir sofort aufgefallen war: Miroslav Klose. Der Rest ist Geschichte und heute arbeitet Miro selbst an seiner Karriere als Trainer.

In meiner zweiten Saison als Trainer wurden wir in der Abschlusstabelle Siebter, aber in einer Pressekonferenz antwortete ich dann ehrlich, dass beim Blick auf die finanziellen Möglichkeiten Vereine wie der FC Bayern, Dortmund oder der HSV weit bessere Chancen hatten, am Ende der Saison Meister zu werden. Das kam beim Aufsichtsrat des Vereins nicht gut an, denn dort hatte man nur wenig Verständnis für die Realität.

Atze Friedrich eröffnete mir dann vertraulich, dass er von seinem Posten zurücktreten würde.

Darauf sagte ich: »Wenn du gehst, musst du mich aber vorher noch rausschmeißen!«

Atze lachte und sagte mir, dass er mich als Vereinsikone nicht rausschmeißen könne.

Wir trafen uns dann noch einmal am nächsten Tag und er bestätigte mir dann seinen Abgang und meinen Rausschmiss. So endete mein Trainerjob nach zwei Jahren auf dem Betze.

Für ein knappes Jahr übernahm ich dann den Job als Trainer beim Zweitligisten SpVgg Unterhaching. Wir hatten ein tolles Trainingsgelände und ein Team mit vielen guten und jungen Spielern. Aber nach einer durchwachsenen Saison trat ich im April 2005 während der laufenden Spielzeit zurück.

Mein alter Inter-Mailand-Trainer Giovanni Trapattoni rief mich kurz darauf an und fragte mich, ob ich nicht als Co-Trainer mit ihm beim VfB Stuttgart arbeiten wollte. Natürlich sagte ich sofort zu, denn ich kannte die Arbeit von Trap ja sehr gut. Der VfB war damals im Umbruch und große Spieler wie Kevin Kuranyi, Philipp Lahm oder Aljaksandr Hleb hatten den Verein verlassen.

Im Winter 2006 beendete Horst Heldt seine aktive Karriere als Spieler beim VfB und wurde Sport-Manager. Seine erste Amtshandlung war, Giovanni und damit natürlich auch mich zu entlassen und durch Armin Veh zu ersetzen. Wir standen zwar auf dem vierten Platz der Tabelle, aber mit Armin wurde der Club ein Jahr später dann Deutscher Meister.

Ich hatte für mich allerdings bereits die Entscheidung gefällt, nicht mehr als Trainer zu arbeiten und mich stärker auf meine geschäftlichen Tätigkeiten zu konzentrieren.

Arbeit als Unternehmer

Im Dezember 2011 habe ich eine ganz dumme Sache gemacht. Auf einer Veranstaltung von Sky TV hatte ich in geselliger Runde Alkohol getrunken und mich danach trotzdem hinter das Steuer meines Wagens gesetzt. Es kam natürlich, wie es kommen musste: Ich wurde in der Nähe meines Hauses von der Polizei gestoppt und von den Beamten zum Alkoholtest gebeten. Mit 1,6 Promille im Blut wurde mir nicht nur der Führerschein genommen, sondern mir wurde mitgeteilt, dass ich auch das berüchtigte medizinisch-psychologische Gutachten absolvieren musste.

Einige Tage später erhielt ich einen Anruf vom Besitzer der Firma onmpu, einer Schule, die sich auf die Vorbereitung zur medizinisch-psychologischen Untersuchung spezialisiert hatte. Der Mann am anderen Ende, Jens Stiegele, bot mir Hilfe bei der Vorbereitung zu diesem Test an, aber nur unter der Bedingung, dass ich sein Geschäftspartner werden und mich auch operativ in das tägliche Business der Schule einbringen würde.

Mithilfe der onmpu konnte ich einige Monate später die nicht einfache Prüfung bestehen und danach meinen Führerschein zurückerhalten.

Und aus dieser eher unglücklichen Situation ist über die Jahre eine erfolgreiche Zusammenarbeit entstanden.

Natürlich bin ich keiner der ausgebildeten Psychologen aus unserem Team, die unsere Kursteilnehmer gründlich auf die Untersuchung vorbereiten. Aber ich halte regelmäßig Vorträge und Einführungsveranstaltungen für unsere Klienten und erzähle von meiner eigenen Erfahrung.

Viele Menschen, die ähnlich wie ich ihren Führerschein verloren haben, bereuen zwar ihr Verhalten, machen aber den Fehler, die anschließende Prüfung und die Arbeit der Gutachter nicht ernst zu nehmen. Das ist in der Regel schnell durchschaut und ich warne alle unsere Schüler davor, die Vorbereitung auf die MPU auf die leichte Schulter zu nehmen. Es gibt eine ganze Reihe von Gründen, warum man heute den Führerschein verlieren kann und das Gutachten absolvieren muss. In den letzten Jahren während der Corona-Pandemie sind zum Beispiel die Zahlen unserer Kunden massiv in die Höhe geschnellt. Es ist sicher keine Schande, die Fahrerlaubnis zu verlieren, aber es ist verkehrt, den Weg zur Wiedererlangung des Führerscheins nicht ernst zu nehmen oder in den Folgejahren sein Verhalten nicht zu ändern!

Es ist für mich eine sehr erfüllende Aufgabe, den oft jungen Menschen bei der Vorbereitung auf die MPU zu helfen und mit unserem Team den Straßenverkehr ein klein wenig sicherer zu machen.

Aber natürlich bin ich dem Fußball nach wie vor auch geschäftlich verbunden. Ich arbeite als Testimonial und Botschafter für verschiedene Unternehmen und betreue dazu Kunden und Geschäftspartner bei Messen, Firmen- oder Kundenveranstaltungen. Das macht mir großen Spaß und viele dieser Partnerschaften existieren inzwischen seit langen Jahren und ich bin mit den verantwortlichen Personen eng befreundet.

Für Presse, TV und digitale Medien arbeite ich dazu als Experte und Kommentator. Auch hier habe ich unzählige Verbindungen in die ganze Welt und nutze dabei natürlich meine Freundschaften zu vielen Trainern und Verantwortlichen im Weltfußball, die ich in meiner aktiven Zeit als Spieler entweder als Mannschaftskameraden oder als Gegner auf dem Platz kennenlernen durfte. Ich pflege diese Beziehungen sehr und telefoniere mit oder besuche diese alten Freunde regelmäßig. Dann tauschen wir Neuigkeiten aus oder lachen über unsere alten Zeiten bei einem Kaffee oder einem Glas Wein. Die Weltmeistermannschaft von 1990 trifft sich alle fünf Jahre zu einem großen Fest und dazwischen habe ich fast täglich Kontakt zu meinen alten Kollegen. Auch Ernesto Pellegrini, unser ehemaliger Präsident bei Inter Mailand, lädt das Team Inter dei Record einmal im Jahr zu einem feierlichen Essen ein, bei dem ich meine alten Freunde Walter Zenga, Giuseppe Bergomi, Andrea Mandorlini, Jürgen Klinsmann, Lothar Matthäus und Co. wiedersehe und wo wir eine tolle Zeit zusammen haben.

Ich interessiere mich auch sehr für die digitalen Entwicklungen im Sport- und Medienbusiness und versuche, die neuen Techniken zu verstehen und für meine Arbeit zu nutzen. Während ich früher säckeweise Fanpost bearbeiten musste, läuft die Kommunikation mit meinen Fans nun weltweit über digitale Kanäle und Social-Media-Plattformen. Das ist eine fantastische

Möglichkeit, mit Fußballfans auf der ganzen Welt in Kontakt zu bleiben und natürlich auch, nicht einzurosten.

Eine weitere unternehmerische Tätigkeit habe ich beim Unternehmen Eurosportsturf, das Marktführer im Bereich von Hybridrasen-Anlagen ist. Auch hier freue ich mich, mit meiner Erfahrung und meinen Kontakten meine Kollegen zu unterstützen. So konnten wir in den letzten Jahren bei zahlreichen Topvereinen wie Arsenal, Real Madrid, dem HSV, Werder Bremen, Borussia Mönchengladbach oder Red Bull Salzburg neue Rasenplätze verlegen und im wahrsten Sinne des Wortes für die Grundlage des sportlichen Erfolges sorgen.

Ganz besonders stolz bin ich zudem, meinen Freund Franz Beckenbauer und seine Frau Heidi bei der Arbeit mit seiner gemeinnützigen Franz-Beckenbauer-Stiftung zu unterstützen. Es ist beeindruckend, wie Franz hier im Stillen bedürftigen und in Not geratenen Menschen unbürokratisch und schnell hilft. Es sagt einfach sehr viel über den Menschen Franz Beckenbauer aus.

Ich bin also gut ausgelastet und ich genieße weiterhin den Kontakt zu jungen Menschen und meinen vielen internationalen Freunden. Das ist einer der großen Vorteile einer internationalen Fußballerkarriere, für den ich sehr dankbar bin.

Hall of Fame

In meiner langen Karriere habe ich viele Auszeichnungen bekommen und eigentlich habe ich mich über jede einzelne gefreut. Aber ganz besonders stolz bin ich über die Aufnahme in die Gründungself der Hall of Fame des deutschen Fußballs.

Die Hall of Fame ist ein Teil des Deutschen Fußballmuseums in Dortmund. Eine hochkarätige Jury aus führenden Sportjournalisten wählt seit 2018 regelmäßig die Legenden des Fußballs in die Hall of Fame. Dabei gibt es eine Herren- und eine Frauenmannschaft.

Es war mir eine besondere Ehre, in die Gründungself gewählt zu werden und bei einer ganz besonderen Veranstaltung im April 2019 gewürdigt zu werden. Weitere Gründungsmitglieder sind Sepp Maier, Franz Beckenbauer, Paul Breitner, Fritz Walter, Lothar Matthäus, Matthias Sammer, Günter Netzer, Gerd Müller, Helmut Rahn und Uwe Seeler.

Was wäre das für eine Elf gewesen!

An diesem Abend im April 2019 stand ich nun auf einer Bühne mit Legenden wie Franz, Uwe, Günter und Sepp, die inzwischen alle zu meinen engen Freunden zählen. Ich musste mich noch einmal daran erinnern, wie ich als kleiner Junge diesen Ikonen des Fußballs im Fernsehen zugejubelt hatte und nun stand ich selbst zwischen ihnen.

Was für eine fantastische Reise, die ihren Anfang auf den Bolzplätzen in Hamburg-Barmbek nahm.

Ich bin sehr dankbar für alles, was ich in meiner Karriere erreichen konnte und ganz besonders danke ich meinem ersten Trainer und Vater, der mich mit viel Liebe und Geduld »beidfüßig« erzogen hat.

Epilog –
Meine elf besten Mitspieler

Für das englische Fußballmagazin 4-4-2 habe ich die elf besten Mitspieler aus meiner Karriere aufgeführt.

Natürlich hatte ich viel mehr gute Mannschaftskameraden, als die hier genannten und ich bitte alle diejenigen um Entschuldigung, die ich vergessen habe zu erwähnen.

Torwart: Walter Zenga

Walter ist der Torwart, den jeder Verteidiger hinter sich haben möchte. Er war eine Riesenpersönlichkeit, sowohl auf dem Platz als auch in der Kabine und ein richtiger Anführer!

Rechter Verteidiger: Giuseppe Bergomi

Beppe ist ein Riesen-Typ und war mein Kapitän bei Inter Mailand. Er wurde von allen Onkel genannt, da er einen furchteinflößenden Schnurrbart und dicke Augenbrauen hatte. Bergomi hatte eine unglaubliche Mentalität und wurde bereits 1982 mit neunzehn Jahren Weltmeister mit Italien. Er war physisch verdammt stark und auch im Offensivspiel immer gefährlich.

Innenverteidiger: Riccardo Ferri

Riccardo war einer der besten Innenverteidiger, mit denen ich zusammenspielen durfte.

Er war extrem kopfballstark und auch technisch sehr versiert. Trotz dieser Stärken hält er immer noch den Rekord der meisten Eigentore in der Serie A!

Innenverteidiger: Jürgen Kohler

Wenn es einen geben würde, mit dem ich in die nächste Schlacht ziehen würde, dann ist es Jürgen.

Er war eisenhart, sowohl körperlich als auch mental. Ich konnte leider mit ihm nur in der Nationalmannschaft spielen, denn dummerweise war Jürgen bei Juventus unter Vertrag.

Linker Verteidiger: Hans-Peter Briegel

Hans-Peter und ich spielten in meiner Anfangszeit bei Kaiserslautern zusammen. Er wurde die »Walz aus der Pfalz« genannt, denn als ehemaliger Zehnkämpfer und Leichtathlet war er eine Maschine.

Er startete mit dem Fußball deshalb erst mit siebzehn, was sein außergewöhnliches Talent beweist. Üblicherweise lief er ohne Schienbeinschoner auf, denn das war damals noch erlaubt.

Rechtes Mittelfeld: Pierre Littbarski

Litti war zwar klein, aber ein technischer Zauberer. Er war immer freundlich und gut gelaunt und ein großer Faktor in der Kabine. Später spielte er in Japan und wurde dort auch Trainer und genießt dort bis heute Legendenstatus.

Zentrales Mittelfeld: Felix Magath

Ohne Felix wäre ich nicht so schnell im Profifußball gelandet, denn er vermittelte mich zu meinem ersten Profiverein FC Saarbrücken. Er war der klassische Spielmacher und ich konnte mit ihm unter anderem die WM in Mexiko bestreiten. Jedes Team braucht einen Felix.

Zentrales Mittelfeld: Lothar Matthäus

Diese Wahl ist natürlich einfach, denn ich habe mit Lothar von der U-21 an zusammengespielt. Irgendwie landeten wir immer zusammen in einer Mannschaft, ob beim FC Bayern, bei Inter Mailand oder in der Nationalmannschaft, wo er uns als Kapitän zum Weltmeistertitel in Italien führte.

Für mich hat er das Spiel des Mittelfeldspielers in seiner Zeit geprägt, defensiv stark und mit einem absoluten Drang zum Tor, wenn er den Ball bekam.

Linkes Mittelfeld: Michael Ballack

Am Ende meiner Karriere durfte ich noch mit dem jungen Michael Ballack in Kaiserslautern spielen und zusammen die Meisterschaft unter Otto Rehhagel gewinnen. Schon damals war sein unglaubliches Potenzial zu erkennen, was er als absoluter Führungsspieler später beim FC Bayern, bei Chelsea und in der Nationalmannschaft beweisen konnte.

Angriff: Karl-Heinz Rummenigge

Kalle war mein Kapitän bei der WM 1986 in Mexico. Er war nicht nur ein besonderer Stürmer, der zudem auch viel zum Spielaufbau beitrug, sondern hat in seiner späteren Karriere als Vorstand beim FC Bayern unheimlich viel zur Entwicklung des Vereins beigetragen. Und er war ebenfalls bei Inter Mailand – sein Transfer von den Bayern nach Italien sanierte die Finanzen für die Münchner und schuf die Basis für den wirtschaftlichen Erfolg des Clubs.

Angriff: Rudi Völler

Mit Bergomi haben wir einen Onkel im Team und nun auch noch die Tante Käthe!

Er ist nicht nur einer meiner engsten Freunde, sondern auch einer der besten Stürmer aller Zeiten. Es war nicht leicht für mich, im Europapokal gegen den AS Rom gegen ihn zu spielen und später trafen wir erneut im Abstiegsduell zwischen Kaiserslautern und Leverkusen aufeinander. Noch heute sprechen mich die Leute überall auf der Welt auf Rudi an.

Trainer: Franz Beckenbauer

Als kleiner Junge war er mein Idol im Fernsehen, dann wurde er mein Trainer und wir gewannen zusammen den Weltmeistertitel und heute ist er mein Freund. Franz revolutionierte das Abwehrspiel und ist der Erfinder des modernen und eleganten Liberos. Diese Technik und sein taktisches Geschick brachten ihm auch als Trainer alle Erfolge.

Statistiken

Andreas Brehme

    - Größe: 1,78 Meter

    - Geburtsdatum: 09.11.1960

Nationalmannschaft

    - Spiele A-Nationalmannschaft: 86

    - Spiele bei Weltmeisterschaften: 16 (1986, 1990, 1994)

    - Spiele bei Europameisterschaften: 12 (1984, 1988, 1992)

    - Qualifikationsspiele WM: 13

    - Qualifikationsspiele EM: 6

    - Freundschaftsspiele: 39

    - 6.910 Spielminuten

    - Erstes Länderspiel: In Sofia gegen Bulgarien am 15.02.1984

    - Letztes Länderspiel: In East Rutherford, NJ, gegen Bulgarien am 10.08.1994

       Tore: 8

       Gelbe Karten: 9

       Rote Karten: 0

Vereinsmannschaften

Gesamtzahl

    - 623 Spiele

- 54.022 Spielminuten
- 80 Tore
- 1 Eigentor
- 10 Einwechselungen
- 23 Auswechselungen
- 99 Gelbe Karten
- 1 Rote Karte

1. FC Saarbrücken 1980/81
- 38 Spiele
- 36 in der 2. Bundesliga, 2 im DFB-Pokal
- 3 Tore
- 7 Gelbe Karten

1. FC Kaiserslautern 1981/82 – 1985/86 und 1993/94 – 1997/98
- 319 Spiele
- 274 in der Bundesliga und 2. Bundesliga, 20 im DFB-Pokal, 22 im UEFA-Pokal, 2 im Pokalsieger Pokal, 1 DFL Super Cup

  53 Tore

  58 Gelbe Karten

  1 Gelbrote Karte
- Meister 2. Bundesliga: 1996/97
- Deutscher Meister: 1997/98
- DFB-Pokalsieger: 1995/96

Bayern München 1986/87 – 1987/88
- 80 Spiele
- 59 in der Bundesliga, 14 im Pokal der Landesmeister, 6 im DFB-Pokal und 1 im DFL Supercup
- 8 Tore

- 14 Gelbe Karten
- Deutscher Meister: 1986/87
- Finalist im Pokal der Landesmeister: 1986/87
- DFL Supercup: 1987

Inter Mailand 1988/89 – 1991/92

- 155 Spiele
- 116 in der Serie A, 19 im Italienischen Pokal, 17 im UEFA-Pokal, 2 im Pokal der Landesmeister und 1 im italienischen Supercup
- 12 Tore
- 14 Gelbe Karten
- 1 Rote Karte

Meister Serie A: 1988 - 89

Italienischer Supercup: 1989

UEFA-Pokalsieger: 1990 - 91

Real Zaragoza 1992/93

- 31 Spiele
- 24 in La Liga, 5 im UEFA-Pokal und 2 im Copa del Rey
- 4 Tore
- 6 Gelbe Karten
- Finalist in der Copa del Rey 1992/93

Persönliche Ehrungen:

- Europameisterschaft 1984: Mannschaft des Turniers
- Europameisterschaft 1992: Mannschaft des Turniers
- Weltmeisterschaft 1990: Mannschaft des Turniers
- Ballon d'Or 1990: Platz 3
- Bundesliga 1985/86: Mannschaft der Saison

- Guerin d'Oro 1989: Serie-A-Fußballer des Jahres (einziger Deutscher, der diesen Preis erhalten hat)

- Pirata d'Oro 1989: Spieler des Jahres von Inter Mailand

- Träger des Silbernen Lorbeerblattes der Bundesrepublik Deutschland

- Verdienstorden des Landes Rheinland-Pfalz

– Aufnahme in die „Hall of Fame des deutschen Fußballs", Deutsches Fußballmuseum 2018

–

Meine Tore

Deutsche Fußballnationalmannschaft 1984 - 1994

Datum	Gegner	Wettbewerb	Ergebnis
28.03.1984	Sowjet-union	Freund-schaftsspiel	2:1
17.11.1985	Tschecho-slowakei	WM-Quali	2:2
25.06.1986	Frankreich	WM 1986	2:0
10.06.1988	Italien	EM 1988	1:1
24.06.1990	Nieder-lande	WM 1990	2:1
04.07.1990	England	WM 1990	1:1 5:4 n. V.
08.07.1990	Argentinien	WM 1990	1:0
10.10.1990	Schweden	Freund-schaftsspiel	3:1

1980/81 – 1. FC Saarbrücken

Datum	Gegner	Wettbewerb	Ergebnis
20.09.1980	SV Waldhof Mannheim	2. Bundesliga Süd	1:2
28.12.1980	SV Ein- tracht Trier 05	2. Bundesliga Süd	1:1
24.04.1981	Hessen Kassel	2. Bundesliga Süd	1:2

1981/82 – 1. FC Kaiserslautern

Datum	Gegner	Wettbewerb	Ergebnis
25.08.1981	VfB Stuttgart	Bundesliga	3:2
05.09.1981	Borussia Mönchen-gladbach	Bundesliga	2:2
16.09.1981	Akademik Sofia	UEFA Cup	1:0
30.03.1982	Darmstadt 98	Bundesliga	3:1
08.05.1982	VfL Bochum	Bundesliga	2:1

1982/83 – 1. FC Kaiserslautern

Datum	Gegner	Wettbewerb	Ergebnis
27.11.1982	Hamburger SV	Bundesliga	1:1
08.12.1982	Sevilla FC	UEFA Cup	4:0
05.02.1983	Eintracht Braun- schweig	Bundesliga	3:2
02.03.1983	FC U. Craiova 1948	UEFA Cup	3:2
26.03.1983	Karlsruher SC	Bundesliga	7:0

1983/84 – 1. FC Kaiserslautern

Datum	Gegner	Wettbewerb	Ergebnis
16.08.1983	Borussia Dortmund	Bundesliga	2:2
19.08.1983	VfB Stuttgart	Bundesliga	2:2
10.09.1983	Arminia Bielefeld	Bundesliga	3:2
17.09.1983	Fortuna Düsseldorf	Bundesliga	5:2
08.10.1983	Karlsruher SC	DFB-Pokal	3:3 5:4 n. V.
22.10.1983	SV Waldhof Mannheim	Bundesliga	2:0
29.10.1983	VfL Bochum	Bundesliga	1:4
10.03.1984	Fortuna Düsseldorf	Bundesliga	5:1
19.05.1984	1. FC Nürnberg	Bundesliga	4:2

1984/85 – 1. FC Kaiserslautern

Datum	Gegner	Wettbewerb	Ergebnis
25.08.1984	VfB Stuttgart	Bundesliga	2:1
03.11.1984	Borussia Dortmund	Bundesliga	3:0
12.04.1985	Karlsruher SC	Bundesliga	3:1
20.04.1985	Borussia Dortmund	Bundesliga	5:0
07.05.1985	Hamburger SV	Bundesliga	1:1
17.05.1985	Werder Bremen	Bundesliga	1:6
29.05.1985	Bayer 05 Uerdingen	Bundesliga	6:1
08.06.1985	1. FC Köln	Bundesliga	6:0

1985/86 – 1. FC Kaiserslautern

Datum	Gegner	Wettbewerb	Ergebnis
10.08.1985	Hamburger SV	Bundesliga	1:4
17.08.1985	1. FC Köln	Bundesliga	1:0
24.08.1985	Eintracht Frankfurt	DFB-Pokal	3:1
28.09.1985	Borussia Dortmund	Bundesliga	2:0
11.10.1985	Werder Bremen	Bundesliga	3:0
19.10.1985	1. FC Köln	DFB-Pokal	1:1 4:1 n. V.
14.03.1986	Bayer 04 Leverkusen	Bundesliga	4:1
11.04.1986	VfB Stuttgart	Bundesliga	2:2
22.04.1986	Hannover 96	Bundesliga	1:0

1986/87 – Bayern München

Datum	Gegner	Wettbewerb	Ergebnis
16.08.1986	Fortuna Düsseldorf	Bundesliga	3:0
06.09.1986	Hamburger SV	Bundesliga	3:1
08.11.1986	SV Waldhof Mannheim	Bundesliga	3:3
25.04.1987	VfL Bochum	Bundesliga	2:1

1987/88 – Bayern München

Datum	Gegner	Wettbewerb	Ergebnis
12.09.1987	1. FC Köln	Bundesliga	1:3
16.09.1987	CSKA Sofia	European Cup	4:0
03.10.1987	Hannover 96	Bundesliga	4:1
27.02.1988	FC 08 Homburg	Bundesliga	6:0

1988/89 - Inter Mailand

Datum	Gegner	Wettbewerb	Ergebnis
16.10.1988	AC Pisa	Serie A	4:1
31.12.1988	US Lecce	Serie A	0:3
11.06.1989	Atalanta BC	Serie A	4:2

1989/90 – Inter Mailand

Datum	Gegner	Wettbewerb	Ergebnis
27.08.1989	US Cre-monese	Serie A	2:1
06.09.1989	US Lecce	Serie A	2:1
01.10.1989	AS Roma	Serie A	3:0
29.10.1989	SS Lazio	Serie A	3:0
03.12.1989	AC Cesena	Serie A	2:3
08.04.1990	AC Cesena	Serie A	1:1

1990/91 – Inter Mailand

Datum	Gegner	Wettbewerb	Ergebnis
05.09.1990	Calcio Monza	Coppa Italia	1:0
20.01.1991	US Lecce	Serie A	5:0

1991/92 – Inter Mailand

Datum	Gegner	Wettbewerb	Ergebnis
15.12.1991	Genoa 1893	Serie A	2:2

1992/93 – Real Zaragoza

Datum	Gegner	Wettbewerb	Ergebnis
06.09.1992	RCD Espanyol Barcelona	La Liga	2: 1
01.10.1992	SM Caen	UEFA Cup	2:0
08.12.1992	Borussia Dortmund	UEFA Cup	2:1
17.02.1993	Sporting de Gijón	Copa del Rey	3:1

1993/94 – 1. FC Kaiserslautern

Datum	Gegner	Wettbewerb	Ergebnis
09.11.1993	Borussia Mönchengladbach	DFB-Pokal	3:2
19.03.1994	Bayer 04 Leverkusen	Bundesliga	2:3
10.04.1994	MSV Duisburg	Bundesliga	7:1

1994/95 – 1. FC Kaiserslautern

Datum	Gegner	Wettbewerb	Ergebnis
20.09.1994	Borussia Dortmund	DFB-Pokal	2:2 6:3 n. V.
28.10.1994	VfL Bochum	Bundesliga	2:0
05.11.1994	SC Freiburg	Bundesliga	3:2
08.11.1994	SC Fortuna Köln	DFB-Pokal	7:3
15.04.1995	SG Dynamo Dresden	Bundesliga	3:1
22.04.1995	Werder Bremen	Bundesliga	2:2

1995/96 – 1. FC Kaiserslautern

Datum	Gegner	Wettbewerb	Ergebnis
02.09.1995	VfB Stuttgart	Bundesliga	1:1
15.09.1995	Bayern Munich	Bundesliga	2:3

1996/97 und 1997/98 habe ich keine Tore mehr geschossen.

Mein Instagram Account ist: @andibrehme

Meine Facebook Seite ist: https://www.facebook.com/Andreas.Brehme.WC1990

Danksagung

Vielen Dank an das gesamte Team, das mich bei diesem Buchprojekt so großartig unterstützt hat:

Nikolaus Bettinger, LutzS. Jacobs, Simone Weber, Philipp Grothe, Mohamed Alioua, Clemens Krüger, Leon Grothe, Together Partners und die Akani Group.

Printed in Poland
by Amazon Fulfillment
Poland Sp. z o.o., Wrocław

35897254R00092